CRÍTICA AO PÓS-POSITIVISMO BRASILEIRO

BRUNO TORRANO AMORIM DE ALMEIDA

CRÍTICA AO PÓS-POSITIVISMO BRASILEIRO

Belo Horizonte

2025

É proibida a reprodução total ou parcial desta obra, por qualquer meio eletrônico, inclusive por processos xerográficos, sem autorização expressa do Editor.

Conselho Editorial

Adilson Abreu Dallari	Floriano de Azevedo Marques Neto
Alécia Paolucci Nogueira Bicalho	Gustavo Justino de Oliveira
Alexandre Coutinho Pagliarini	Inês Virgínia Prado Soares
André Ramos Tavares	Jorge Ulisses Jacoby Fernandes
Carlos Ayres Britto	Juarez Freitas
Carlos Mário da Silva Velloso	Luciano Ferraz
Cármen Lúcia Antunes Rocha	Lúcio Delfino
Cesar Augusto Guimarães Pereira	Marcia Carla Pereira Ribeiro
Clovis Beznos	Márcio Cammarosano
Cristiana Fortini	Marcos Ehrhardt Jr.
Dinorá Adelaide Musetti Grotti	Maria Sylvia Zanella Di Pietro
Diogo de Figueiredo Moreira Neto (*in memoriam*)	Ney José de Freitas
Egon Bockmann Moreira	Oswaldo Othon de Pontes Saraiva Filho
Emerson Gabardo	Paulo Modesto
Fabrício Motta	Romeu Felipe Bacellar Filho
Fernando Rossi	Sérgio Guerra
Flávio Henrique Unes Pereira	Walber de Moura Agra

FÓRUM
CONHECIMENTO JURÍDICO

Luís Cláudio Rodrigues Ferreira
Presidente e Editor

Coordenação editorial: Leonardo Eustáquio Siqueira Araújo
Aline Sobreira de Oliveira
Revisão: Vinícius Fernandes
Capa e projeto gráfico: Walter Santos
Diagramação: João Oliveira

Rua Paulo Ribeiro Bastos, 211 – Jardim Atlântico – CEP 31710-430
Belo Horizonte – Minas Gerais – Tel.: (31) 99412.0131
www.editoraforum.com.br – editoraforum@editoraforum.com.br

Técnica. Empenho. Zelo. Esses foram alguns dos cuidados aplicados na edição desta obra. No entanto, podem ocorrer erros de impressão, digitação ou mesmo restar alguma dúvida conceitual. Caso se constate algo assim, solicitamos a gentileza de nos comunicar através do *e-mail* editorial@editoraforum.com.br para que possamos esclarecer, no que couber. A sua contribuição é muito importante para mantermos a excelência editorial. A Editora Fórum agradece a sua contribuição.

Dados Internacionais de Catalogação na Publicação (CIP) de acordo com ISBD

A524c   Amorim de Almeida, Bruno Torrano
           Crítica ao pós-positivismo brasileiro / Bruno Torrano Amorim de Almeida.
        Belo Horizonte: Fórum, 2025.

           178 p. 14,5x21,5cm

           ISBN impresso 978-65-5518-810-3
           ISBN digital 978-65-5518-817-2

           1. Pós-positivismo. 2. Neoconstitucionalismo. 3. Positivismo jurídico.
       I. Título.

           CDD: 340
           CDU: 34

Ficha catalográfica elaborada por Lissandra Ruas Lima – CRB/6 – 2851

Informação bibliográfica deste livro, conforme a NBR 6023:2018 da Associação Brasileira de Normas Técnicas (ABNT):

AMORIM DE ALMEIDA, Bruno Torrano. *Crítica ao pós-positivismo brasileiro*. Belo Horizonte: Fórum, 2025. 178 p. ISBN 978-65-5518-810-3.

À minha família: Fran, Bruno Enrico e Kyra.

Com imenso amor.

Quem julga que é o único que pensa bem, esse, quando posto a nu, vê-se que é oco.

Hémon, personagem de Sófocles

SUMÁRIO

INTRODUÇÃO 11

CAPÍTULO 1
PÓS-POSITIVISMO BRASILEIRO: DOS PRIMÓRDIOS AOS DIAS ATUAIS 17
1.1 A fase da euforia 17
1.2 A rejeição do conservadorismo 23
1.3 A calorosa recepção no Poder Judiciário 28
1.4 A colaboração do Poder Legislativo 31
1.5 A fase da autocrítica 37
1.6 Dois tipos de pós-positivismo brasileiro 40
1.7 A fase da aliança estratégica (ou: a descoberta do positivismo contemporâneo) 45
1.8 A fase identitária 50
1.9 Conclusões parciais 57
1.9.1 Pós-positivismo e neoconstitucionalismo 57
1.9.2 O positivismo jurídico não é o verdadeiro inimigo do pós-positivismo brasileiro 62
1.9.3 Excurso: a situação dos precedentes judiciais no Brasil 65

CAPÍTULO 2
O MÍNIMO (DO MÍNIMO) QUE VOCÊ PRECISA SABER PARA NÃO DISTORCER O POSITIVISMO JURÍDICO 69
2.1 O positivismo jurídico é uma tradição de pensamento, e não "uma" teoria 70
2.2 Positivistas passaram apenas a querer descrever como o Direito "é" 72
2.3 Positivismo exclusivo e positivismo inclusivo 75
2.4 Você pode ser um positivista e, coerentemente, dizer que um sistema jurídico é injusto 77
2.5 Positivismo descritivo e positivismo ético-normativo 81

CAPÍTULO 3
GENEALOGIA DA RETÓRICA PÓS-POSITIVISTA 83
3.1 Neurose narcísica 83
3.2 Fundamentalismo dogmático... 88
3.3 Elitismo epistêmico 91
3.4 Eruditismo tóxico 95

CAPÍTULO 4
CONSEQUÊNCIAS DA RETÓRICA PÓS-POSITIVISTA 103
4.1 Racionalismo vulgar 103
4.2 Emotivismo disfarçado (ou: sobre nossa Constituição emotivista e seus iludidos pós-positivistas)...................... 106
4.3 Justiça de conto de fadas 113
4.4 Inconstitucionalismo 118
4.5 Princípio da vedação ao retrocesso social como engessamento constitucional à imagem e semelhança de professores universitários progressistas 120
4.6 Desacordos morais razoáveis como retórica de tolerância insincera 128
4.7 Ativismo judicial e juristocracia 132
4.7.1 Dever de excelência comportamental estável e permanente por parte dos ministros do STF 141
4.8 Excurso: neoconstitucionalismo como neomarxismo? 144

CONCLUSÕES 155

REFERÊNCIAS 167

INTRODUÇÃO

Todos os atritos argumentativos entre teorias rivais, todas as naturais divergências filosóficas e políticas entre juristas, todos os recorrentes confrontos inflamados entre pessoas que pensam diferente parecem não ter abalado ao menos uma base comum de acordo entre os debatedores: nas décadas de 2010 e 2020, em número angustiante de ocasiões, o Direito brasileiro tornou-se algo indiscernível de uma luta de foice no escuro.

Interpretações judiciais ambiciosas, incoerências dantescas, precedentes vinculantes que nada vinculam, insinceridade hermenêutica, erosões constitucionais, brutal desconfiança nas instituições, dissolução das formas jurídicas em guerras culturais, cultivo de heroísmos ingênuos, hiperjudicialização da vida, ausência de senso de prioridade e proporção, perseguições jurídicas baseadas em afinidades políticas: tudo isso, e muito mais, tem integrado parte relevante de nossa experiência social.

Seria excêntrico, para usar um eufemismo, presumir que toda essa diversidade fenomenológica – que abrange coisas tão multiformes, como desejos passageiros, ângulos interpretativos, interesses políticos, luta por poder e domínio, alianças estratégicas, modas culturais, mau-caratismos disfarçados e planos de ação – pudesse ser compreendida e explicada, em alguma medida satisfatória, apenas pela análise da evolução de teorias jurídicas sobre como juízes devem decidir casos concretos e como devem ser nossos arranjos institucionais. Ao contrário, a bagunça conceitual e a desordem prática do Direito brasileiro, para serem minimamente apreendidas e organizadas pelo esforço intelectual, supõem redobrada atenção às bases históricas, sociológicas e antropológicas da sociedade brasileira, às capturas culturais e correspondentes reprogramações linguísticas de boa parcela das universidades e dos tribunais, à celebração ostensiva da preguiça intelectual nos meios acadêmicos, aos grupos de poder historicamente hegemônicos, à catimba hermenêutica e comportamental de autoridades que omitem laços espúrios com tais grupos, e tantos outros aspectos relacionados a disciplinas propedêuticas e extrajurídicas.

Mas também seria equivocado – e conduziria a indevida indulgência para com os partícipes – simplesmente sugerir que os processos históricos nacionais de criação e difusão do conhecimento jurídico nada têm a ver, nem em ínfimo grau de correlação, com o cenário de insegurança jurídica e quebra reiterada de expectativas vivenciado nos tempos contemporâneos.

O pedagogo francês Jules Payot, no livro *A educação da vontade*, ensinou que ideias, por si sós, são instrumentos inofensivos se se limitam a exercer influência *externa*. Ideias tornam-se meios de transformação social e moral, por vezes em termos radicais, apenas na medida em que indivíduos e grupos, pelos mais diversos motivos, veem-se no pretexto de cimentar ligações psicológicas – ou seja, *internas* – entre essas ideias e suas próprias emoções, de modo a orquestrarem sólidos hábitos compartilhados. Estes, por sua vez, edificam tradições de comportamento grupais que, quando assimiladas pela educação, moldam as noções mesmas de certo e errado, de adequado e impertinente, de desejável e inconveniente, de aceitável e de absurdo. Indivíduos inseridos nessas tradições, ao agirem, tornam-se "extensões principiológicas"[1] dos cacoetes linguísticos e das substâncias culturais apreendidas. Tanto pior se, em tempo oportuno, não tiverem sido apresentados por seus mestres a modos de ser e pensar ou a tradições de comportamento diferentes. A ausência de parâmetros para comparação enevoa o espírito de racionalidade crítica e tende a tornar suas vítimas marionetes ideológicas autoconfiantes.

Este livro sugere que foi exatamente isso que aconteceu no cenário brasileiro na década de 1990. Na fase da euforia do pós-positivismo brasileiro, a ideia de que estávamos diante de um "novo constitucionalismo", de uma "nova hermenêutica", de uma "nova história" e de "novos tempos" encantou professores universitários, excitou-lhes o sentimento de partilharem do caminho certo para uma sociedade ideal justa, cimentou-se com emoções narcísicas constantemente retroalimentadas em autocongratulações grupais de sofisticação teórica e superioridade moral e logo se espraiou pelos

---

[1] A excelente expressão foi retirada da obra *Doing What Comes Naturally*, de Stanley Fish.

maiores interessados em teorias que legitimam raciocínios jurídicos ambiciosos: os juízes.[2]

Por quase três décadas, o pós-positivismo nacional sedimentou na *psiqué* de inúmeros jovens estudantes universitários, muitas vezes sem espaço para contraditório, a convicção de que "filtragens constitucionais" baseadas no apelo manipulador à "força normativa dos princípios" ou à natureza objetiva e impessoal dos "meus" argumentos morais conduzem a resultados práticos metodológica e moralmente superiores às alternativas "tradicionais" sugeridas por teorias formalistas. Imbuídos do anseio de construírem um mundo melhor pela via da argumentação moral, e não de se conformarem com limitações institucionais a seus sonhos, muitos desses estudantes formaram-se e tornaram-se juízes. Treinados na fina retórica pós-positivista, passaram a atuar como genuínas extensões principiológicas daquilo que, acriticamente, no horizonte lhes parecia e ainda lhes parece o único critério avaliativo possível.

Neste livro, parto de duas premissas. Uma, de Michael Oakeshott: o estudo histórico constitui parte indispensável da educação política (e, eu acrescentaria, jurídica). Outra, de Alasdair MacIntyre: o método adequado para o estudo a que me proponho é o de *história filosófica*. Por conseguinte, recorrerei a critérios valorativos e minha análise implicará uma tese sociológica. A estrutura segue a metodologia. O primeiro capítulo tem por propósito explorar a evolução histórica do pós-positivismo brasileiro, de modo a revelar suas relações originárias com tradições de pensamento de mentalidade subversiva, como o Direito Alternativo, o Marxismo, o Pós-Modernismo e, mais recente, o Identitarismo Progressista. No segundo capítulo, com o objetivo dialético de fulminar as confusões de pensamento do pós-positivismo brasileiro, apresento visão que considero adequada sobre as teorias contemporâneas do positivismo jurídico. No terceiro capítulo, já tendo realizado a comparação entre distorções históricas dos autores nacionais e versão adequada do positivismo, minha pretensão é desvelar as estratégias retóricas

---

[2] Espelhando a ocupação primordial do pós-positivismo nacional, a ênfase, neste estudo, é colocada na interpretação realizada por juízes. Mas o fenômeno do idealismo pós-positivista não está ilhado no Poder Judiciário. Certamente contaminou outras autoridades e instituições.

dos integrantes do pós-positivismo brasileiro. No quarto, aponto algumas consequências prático-institucionais de suas teses.

O foco de minha análise, bom reforçar, é o pós-positivismo especificamente *brasileiro* – não por convicção de que autores estrangeiros como Ronald Dworkin tenham propostas muito melhores, e sim por demarcação metodológica de território e contexto. Seguindo linha de estudos anteriores, optei por escolher como representantes paradigmáticos do pós-positivismo nacional os juristas Luís Roberto Barroso e Lenio Streck. Essa delimitação justifica-se pelo propósito metodológico de tornar viável a estruturação de classificações e críticas plausíveis e referenciadas. Com a escolha de tais autores, não intento – e nunca intentei – sugerir que os demais integrantes da corrente pós-positivista nacional constituem espécie de *subprime* teórico. Essa afirmação seria teratológica. Colaboraram para o desenvolvimento e consolidação do pós-positivismo brasileiro estudiosos do quilate de Ana Paula de Barcellos – que ainda em 2003 com Barroso escreveu artigo intitulado "O começo da história: a nova interpretação constitucional e o papel dos princípios no Direito Brasileiro" –, Daniel Sarmento, Georges Abboud, entre tantos outros. Todos eles estão errados, mas erram com inteligência, estratégia e elegância. No mais, nem todos os autores nacionais que se consideram não positivistas podem ser legitimamente enquadrados no conceito de "pós-positivismo brasileiro" examinado neste livro. Dentre outros, autores como Ronaldo Porto Macedo, Thomas Bustamante, Victor Sales Pinheiro, Horacio Neiva e Virgílio Afonso da Silva desde sempre demonstraram, por um lado, domínio das teses do positivismo jurídico e, por outro, nítida consternação com os sincretismos metodológicos praticados pela academia brasileira. Não integram, portanto, o alvo deste livro.

Após cerca de quinze anos de estudo, já tive a oportunidade de escrever[3] e de falar muito sobre positivismo jurídico e pós-positivismo. Com esta publicação, pretendo encerrar esse específico ciclo acadêmico sobre positivismo jurídico com obra narrativa mais compacta, que sirva para estudantes das mais variadas titulações

---

[3] Cf. os livros *Democracia e respeito à lei: entre positivismo jurídico, pós-positivismo e pragmatismo jurídico*, *Pragmatismo no direito* e *Do fato à legalidade: introdução à Teoria Analítica do Direito*.

compreenderem as distorções, estratégias, retóricas e narcisismos pós-positivistas.

Sinto-me compelido a fazer duas ponderações derradeiras.

Primeira: para além das correlações porventura atribuíveis ao pós-positivismo brasileiro, o estudioso certamente terá notado que os eventos da história política nacional de fins da década de 2010 e início de 2020, combinados com a pandemia covid-19, impulsionaram o poder decisório do STF a patamares que não encontram equivalente em qualquer Estado de Direito mundial. Há quem enxergue tal cenário como uma reação natural e justificada – em espécie de "democracia militante" – diante de suscitados abusos da Operação Lava Jato, do contexto de ameaças políticas à regularidade e periodicidade democráticas e de negacionismos científicos. Por outro lado, há quem, mesmo reconhecendo importantes acertos do STF, aponte que o Tribunal, no auge da Lava Jato, curvou-se às ilegalidades que agora denuncia e, sem prestar contas, autoatribui-se virtude para justificar abusos cometidos em inquéritos sem prazo e sem objeto que, no fim das contas, se prestam a investigar, sem freios externos, qualquer coisa que os próprios ministros sinalizem como "antidemocráticas", não raro com flexibilização de regras relativas ao Juízo Natural e com confusão de papéis entre acusador, julgador e vítima. Embora eu seja simpático à segunda interpretação, e sem prejuízo de publicação futura, o fenômeno estava a pleno vapor enquanto eu escrevia estas páginas e detém emaranhadas nuances que me obrigariam a fugir do objeto deste estudo específico. Só poderei, portanto, pincelar *en passant* o problema.

Por fim, não almejo e, todas as coisas consideradas, seria fantasioso esperar concordância do leitor já submetido à eficaz retórica do pós-positivismo progressista brasileiro. De todo modo, mesmo na hipótese de tudo o que você encontrar aqui lhe parecer mero devaneio reacionário, o livro terá alcançado um meritoso objetivo por décadas escanteado na academia brasileira por autores pós-positivistas: provocar desconforto, apresentar alternativas e romper com a lógica de autocongratulações narcísicas. *Amicus Plato, sed magis amica veritas.*

CAPÍTULO 1

PÓS-POSITIVISMO BRASILEIRO: DOS PRIMÓRDIOS AOS DIAS ATUAIS

1.1 A fase da euforia

De meados para fins de 1990, juristas brasileiros anunciaram, em alto e bom tom, o que a eles pareceu uma formidável descoberta: quase tudo o que se fazia aqui, neste país periférico, estava "superado" no estrangeiro. A "doutrina tradicional" brasileira era refém de ideias arcaicas e atrasadas. Filosoficamente, havia ignorado a "viragem linguística". Moralmente, persistia na defesa de teorias incapazes de fazer frente a regimes totalitários, como o nazifascismo. Juridicamente, estava presa a teorias formalistas desacreditadas e a noções ingênuas de objetividade. Socialmente, prendia-se a individualismos típicos do liberalismo clássico e era, portanto, incapaz de concretizar o rol de promessas de justiça social almejado pela Constituição de 1988.

A solução não tardou a ser apresentada. Ora, havia uma "nova" forma de pensar o Direito. Havia um "novo" modo de produção de teorias, uma "nova" maneira de conceber a separação harmônica entre os Poderes, uma "nova" concepção de direitos, uma "nova" distinção entre modalidades de normas jurídicas, uma "nova" proposta de relação entre Direito e Moral, um "novo" Constitucionalismo (neoconstitucionalismo), uma "nova" forma de efetivar direitos fundamentais – particularmente direitos prestacionais. Era necessária uma "virada copernicana". Uma quebra de paradigmas – e ai daquele que ficasse para trás, no asfixiante "senso comum teórico"...

Nos primórdios, tudo eram luzes. Aqui, penso sobretudo na parte final da década de 1990 e início da década de 2000. Lenio Streck comemorava o "sensível deslocamento" de decisões políticas para o Poder Judiciário. Otimista, Luís Roberto Barroso fazia uma ode ao, em suas palavras, "momento virtuoso" do "novo" Direito Constitucional brasileiro. Falou-se em Constituição Dirigente com entusiasmo em todos os cantos nacionais, mas com raízes especialmente no Rio Grande do Sul (UNISINOS) e no Rio de Janeiro (UERJ). Celebrou-se a "Constitucionalização" de todos os ramos do Direito. Exaltou-se com firmeza modalidades de hermenêutica moralmente criativas. Criticou-se o Estado Liberal. Inflou-se crescente intervenção estatal na economia. Encorajou-se uma noção cada vez mais inflada de "direitos" cima-baixo, garantidos por juízes progressistas atentos às mudanças sociais. Só isso poderia salvar as promessas incumpridas da Modernidade.

Com efeito: no Brasil, as suscitadas "novidades" pós-positivistas e neoconstitucionalistas, acatando de forma confusa e metodologicamente sincrética a mentalidade subversiva dos movimentos que lhe influenciaram, vieram acompanhadas de repertório filosófico autointitulado "crítico". À época, Lenio Streck, na primeira edição de seu livro *Hermenêutica jurídica e(m) crise*, de 1999, elaborou demorado ataque ao "neoliberalismo pós-moderno". A crise hermenêutica brasileira era, já ali, "paradigmática". A doutrina "tradicional" era uma engrenagem que reproduzia, sem qualquer juízo de "autenticidade", dentro do asfixiante "senso comum teórico", vocabulários e teses que estavam presos a paradigmas filosóficos, sociais e econômicos ultrapassados. Na filosofia, segundo Streck, não se tinha, ainda, superado a filosofia da consciência, é dizer, não se tinha proporcionado a abertura ao outro, à genuína fusão de horizontes da intersubjetividade. Na economia, insistia-se na visão belicosa, típica do liberalismo clássico, entre Estado e indivíduo, como se aquele fosse inimigo deste. Como resultado, falhava-se em perceber que o paradigma social pressupunha o oposto, isto é, que Estado e indivíduo fossem vistos como cooperantes em um empreendimento de bem comum.

No Direito, o senso comum teórico conduzia à patológica má compreensão do papel normativo, transformador e "dirigente"[4] da Constituição de 1988.

Por sua vez, Barroso, no ano de 2001, em texto intitulado "Fundamentos teóricos e filosóficos do novo Direito Constitucional brasileiro", elogiou o espírito antiobjetivista do movimento pós-modernista. Não à toa, enxergou o "ideário difuso" do pós-positivismo brasileiro como uma receita tipicamente antiformalista, uma porosidade estratégica para a interdisciplinariedade e o antidogmatismo. Barroso reconheceu que o trabalho de "desconstrução", típico do pós-modernismo, trouxe algumas consequências problemáticas, como o abandono do Direito como espaço de atuação de "forças progressistas" e a implosão das potencialidades interpretativas das normas em vigor. Mas isso demandava apenas alguns ajustes.

Não havia, até aí, qualquer inovação filosófica. Claro, é notória a lembrança de autores até então explorados perifericamente na

---

[4] Tem valor histórico o registro de que a concepção original de Constituição Dirigente, utilizada pelo pós-positivismo brasileiro em seus primórdios, foi desenvolvida por Canotilho no contexto da Constituição portuguesa de 1976, a qual, em seu preâmbulo, expressamente aspirava a "abrir caminho para uma sociedade socialista". Isso não conduz à conclusão de que, ainda hoje, existe esse projeto em andamento. Paulo Otero, por quem tive a honra de ser orientando no mestrado, afirma no volume 1 de sua obra *Direito Constitucional Português*, ao comentar a ideia de transfiguração constitucional, que "o princípio socialista foi objecto de uma total subversão informal, inexistindo, após a entrada em vigor da Constituição, uma única decisão política, legislativa ou administrativa que tenha dado implementação às ideias de 'transição para o socialismo', 'desenvolvimento do processo revolucionário' ou 'desenvolvimento das relações de produção socialistas'". Canotilho, por sua vez, reviu em grande medida sua teoria original, afirmando, no prefácio da 2ª edição do livro *Constituição dirigente e vinculação do legislador*, que a Constituição Dirigente deve ser considerada "morta" no sentido específico de "normativismo constitucional revolucionário capaz de, só por si, operar transformações emancipatórias". Por óbvio, pós-positivistas nacionais viram a declaração de Canotilho mais como a prova irrefutável de que a Constituição Dirigente está viva em todos os demais sentidos (e que subsistem, por conseguinte, as teses de planificação econômica e protagonismo do Judiciário) do que como uma oportunidade de autocrítica. Em outros termos, persistiram na crítica, já realizada à primeira fase de pensamento de Canotilho, de que a tese da Constituição Dirigente por ele teorizada não era adequada para países periféricos de modernidade tardia, pois não admitia, ante omissões inconstitucionais, que o Poder Judiciário substituísse o Legislador desenvolvendo soluções substantivas, e sim que apenas declarasse o silêncio do Legislativo e o admoestasse a agir. A tese da Constituição Dirigente brasileira pode ser considerada, nesse sentido, uma tese *fortalecida* quando comparada com os escritos de Canotilho, uma tese que, partindo da ideia de países periféricos de modernidade tardia, se assenta, com ainda mais vigor, em pressupostos filosóficos e políticos progressistas.

Teoria do Direito nacional, como Heidegger e Gadamer. Mas, ao menos no plano profundo das premissas e no plano prático da motivação para agir, o pós-positivismo brasileiro ombreou-se com teorias jurídicas que há muito nutriam desconfiança às ideias de objetividade e de formalismo jurídico. Ombreou-se, igualmente, com teorias econômicas e sociais que, também há muito, atribuíam mazelas de injustiça social à reprodução indevida da lógica mercadológica individualista. No exterior, cito a Escola de Frankfurt, o movimento do *Critical Legal Studies* e o realismo jurídico norte-americano. No Brasil, rememoro correntes como O Direito Achado na Rua, famoso na década de 1980 em Brasília, críticas marxistas de autores do Rio de Janeiro e Paraná, como Nilo Batista e Juarez Cirino, o Direito Alternativo famosamente defendido pelo desembargador do Tribunal de Justiça do Rio Grande do Sul[5] Amilton Bueno de Carvalho e aportes autodenominados "críticos" de autores apreciados no sul do país, como Luis Alberto Warat e seu surrealismo jurídico.[6] Não é exagero afirmar que todas essas correntes e teorias – repito: de

---

[5] No ano de 1990, antes da euforia pós-positivista, o Tribunal de Justiça do Rio Grande do Sul já caucionava a tese segundo a qual, mediante juízo de ponderação entre a segurança jurídica e a justiça da norma, estava o magistrado autorizado a afastar a aplicação de lei juridicamente válida. O TJRS entendia que essa postura ilustrava uma "atenuação do positivismo jurídico a partir da trágica situação representada pela condenação dos juízes germânicos que aplicaram a legislação do III Reich, pelo Tribunal de Nuremberg, tem permitido a recusa à aplicação da norma, inclusive constitucional" (TJ-RS - AC: 190010678 RS, Relator: Jauro Duarte Gehlen, Data de Julgamento: 08/03/1990, Quarta Câmara Cível). Com algumas modificações, Luís Roberto Barroso posteriormente também veio a tecer considerações sobre o conflito entre segurança jurídica e justiça e ostensivamente defendeu, e defende até hoje, a tese de que a queda do positivismo está relacionada à queda do nazismo.

[6] Ainda no início da década de 1990, Antonio Carlos Wolkmer sustentou que a "intenção" da "teoria crítica", adotada pelo Direito Alternativo brasileiro a partir, segundo ele, dos ensinamentos de Marx, da Escola de Frankfurt, da psicanálise e de Luís Alberto Warat, consistia em definir um "projeto" que possibilitasse a "mudança da sociedade em função de um novo tipo de 'sujeito histórico'", compreendido como um sujeito emancipado "de sua condição de alienado". Essa Teoria Crítica do Direito, articulada como "estatuto epistemológico", seria "essencialmente revolucionária e pedagógica, capaz de conscientizar, emancipar e mobilizar os sujeitos históricos, criando as reais condições de passagem do paradigma legal convencional para a eficácia da 'juridicidade alternativa'" (WOLKMER, Antonio Carlos. *Contribuição para o projeto da juridicidade alternativa*. In: ARRUDA JR., Edmundo Lima de [org.]. Lições de Direito Alternativo. São Paulo: Acadêmica, 1991, p. 42-43). Na mesma linha do que, anos depois, viria a ser o pós-positivismo brasileiro, o alvo central da crítica dirigia-se ao positivismo jurídico e à "doutrina tradicional".

modo confuso e sincrético – formaram as bases do nascente pós-positivismo brasileiro.

Perceba, todavia, que o pós-positivismo brasileiro, de início, só aderiu a tais teorias até certo ponto. Delas emprestou o aspecto crítico, o aspecto autointitulado progressista, o aspecto da solidariedade social, o aspecto da interseccionalidade do conhecimento, mas não se propôs a tolerar excessos considerados demasiadamente relativistas ou fatalistas. O nascente pós-positivismo brasileiro não concordou com autores pós-modernos, realistas, críticos, ou seja lá o que for, na parte em que iam longe o suficiente para afirmar que, ao fim e ao cabo, a aplicação do Direito não passava de fingimento ou hipocrisia – e que nada contra isso poderia ser feito. Rejeitou, portanto, teses como a de que o Direito constitui intrinsecamente uma estrutura de dominação e opressão ou de que juízes simulam aplicar normas jurídicas como uma forma de esconder aquilo que efetivamente os move: seus interesses pessoais e suas visões personalíssimas de justiça. Não seguiu, igualmente, pelo menos no nascedouro, a guinada radicalista ocorrida dentro dos movimentos pós-modernos na década de 1990, com sua característica fragrância de religião política, a qual mencionaremos ao tratar da fase identitária.

Nos primórdios, era na questão da interpretação jurídica, na questão de *how judges decide cases* (como juízes decidem casos concretos), que o pós-positivismo brasileiro entendia estar inovando. Havia, ali, uma inequívoca atitude esperançosa, um brutal otimismo hermenêutico poucas vezes visto no Direito Constitucional. Em termos gerais, o pós-positivismo brasileiro não se propunha apenas a prescrever a juízes condutas corretas à luz de uma suposta "nova hermenêutica", mas também demonstrava inabalável confiança nas suas próprias credenciais teóricas e filosóficas. A falácia da inovação, conectada com insistentes apelos à "superação" de teorias rivais, tomou conta dos livros acadêmicos da época.

A autoimagem inflada veio acompanhada da crença peremptória na argumentação moral realizada por juízes, pela via dos princípios. A real compreensão da nova filosofia, da nova interpretação, enfim, do novo Direito Constitucional pressupunha a percepção de que havia "chegado a hora", como disse Streck em

1999 na primeira edição da obra *Hermenêutica jurídica e(em) crise*, de o Poder Judiciário ter protagonismo na transformação da sociedade. A partir do início da década de 2000 já eram famosos, em terras nacionais, os autores estrangeiros supostamente representativos desse otimismo hermenêutico. Formavam o denominado movimento neoconstitucionalista. Talvez os mais destacados tenham sido, ali, Ronald Dworkin, Gustavo Zagrebelsky, Friedrich Müller, Konrad Hesse, Peter Häberle, Jürgen Habermas, Castanheira Neves e Robert Alexy.[7] Nossos pós-positivistas os importaram sem qualquer pudor. Por vezes, sem ao menos tomar as mínimas cautelas analíticas desejáveis em produções acadêmicas – é dizer, sem perceber que talvez a mistura das teorias de todos esses autores fosse metodologicamente impossível, ou, ao menos, não configurasse um bom negócio à luz da coerência ou mesmo de nossos desenhos institucionais.[8]

Seja como for, o vocabulário pós-positivista não demorou a espraiar-se por todos os cantos e repartições da realidade jurídica brasileira. Encontrou radical aceitação. Nas universidades, com incrível euforia, logo foram produzidos inúmeros artigos e livros adotando as suscitadas inovações teóricas. Seminários e mais seminários foram realizados vociferando a boa nova. Houve quem dissesse que, em tempos de "crise existencial" do positivismo, o pós-positivismo seria "a ousadia de erguer a cabeça e olhar por sobre as ondas...". Com esse veloz enraizamento de crenças, já em meados da década de 2000 era difícil encontrar professores ou livros que não raciocinassem a partir das ideias complementares de "Constitucionalização do Direito", de "princípios", de "filtragem constitucional" e de Judiciário como reino da última palavra.[9] Esse modo de pensar não raro vinha acompanhado

---

[7] É questionável se todos esses autores poderiam ser incluídos em um movimento comum denominado neoconstitucionalismo – ou, quando menos, colocados como fiadores teóricos de um tal movimento. O fato, todavia, é que, no Brasil, muitas vezes um mesmo pote foi utilizado para alocá-los conjuntamente.

[8] Virgílio Afonso da Silva, já naquele período (2005), criticou, corretamente, a síndrome do sincretismo metodológico de que padecia boa parte da doutrina nacional no texto "Interpretação constitucional e sincretismo metodológico".

[9] Em se tratando de Constitucionalização do Direito e "releitura" das leis pelo Judiciário, possível observar indícios iniciais do modo de pensar pós-positivista, ainda sem esse nome, em aula proferida por Gustavo Tepedino em 1992 na Faculdade de Direito do

de bordões genéricos como "mais princípios do que regras", "reaproximação do Direito com a Ética", "novos tempos", "nova hermenêutica", "o positivismo jurídico está superado" etc.

O resultado? Uma radical substantivização do Direito. Um exercício peculiar e robusto de totalitarismo constitucional pela via de interpretações redentoras de elites do Poder Judiciário. Uma preocupante incompreensão sobre o valor dos procedimentos institucionalizados extrajudiciais e desproporcional encolhimento das áreas legítimas de atuação dos demais poderes. Sem qualquer exagero, esta é a síntese: nos primórdios, o pós-positivismo nacional ostentou profundo orgulho em conceder *pouco* peso a fatores que continuam imperiosos a democracias bem ordenadas, como a cautelosa distinção entre papéis institucionais, a análise adequada da lógica institucional de distribuição dos poderes, o escrutínio sobre a capacidade e expertise dos diversos intérpretes constitucionais, o encorajamento de procedimentos legislativos e executivos participativos e a atribuição da devida relevância normativa ao conceito de desacordos morais razoáveis.

1.2 A rejeição do conservadorismo

Mas qual o motivo de o pós-positivismo nacional ter-se inebriado, com tanta convicção e orgulho, de raciocínios declaradamente "progressistas"? Por que pós-positivistas enxergaram na Constituição de 1988 uma "trincheira de resistência" e uma "carta programática" a serviço do "pensamento jurídico progressista", para usar as palavras de Cláudio Pereira de Souza e Daniel Sarmento na segunda edição da obra *Direito Constitucional: teoria, história e métodos de trabalho*?

Ora, não podemos jamais esquecer que o pós-positivismo brasileiro é o eco ideológico das condições materiais atuantes, ao

---

Estado do Rio de Janeiro – publicada como artigo em 2006 após revisão e atualização, sob o título "Premissas metodológicas para a constitucionalização do Direito Civil" –, que terminou com a seguinte citação de Oscar Wilde: *"Our proverbs want rewriting. They were made in winter, and it is summer now."* Importante mencionar, ainda, as traduções das obras de Konrad Hesse e Peter Häberle realizadas por Gilmar Mendes na década de 1990, as quais tiveram inegável impacto no pensamento pós-positivista nacional.

menos, desde a década de 1980 – no período de redemocratização brasileira. Dizer isso é prestar homenagem ao óbvio, já que os próprios pós-positivistas nacionais se apresentam como laudatórios de forma de pensar o Direito "superadora" de autoritarismos, em particular os vivenciados no período anterior à Constituição de 1988. Essa, aliás, é uma das fontes de autolegitimação proposta pelos autores correspondentes e está na base da distinção fundamental, por eles levada adiante, entre, de um lado, a visão "ultrapassada" atribuída à "teoria tradicional" (ou ao "senso comum teórico") e, de outro, a "crítica hermenêutica" e o "novo Constitucionalismo".

A outra face da autoimagem progressista de autores pós-positivistas é, por evidente, a aberta rejeição a quaisquer aproximações ou influências de doutrinas consideradas conservadoras. Mas essa é uma explicação parcial, precária, trivial. Pois o que nos interessa explorar, do ponto de vista histórico, é qual o *significado* que autores pós-positivistas nacionais costumam atribuir ao termo conservadorismo, ou, ainda, o que eles entendem estar fazendo quando se orgulham de estar superando tradicionalismos hostis à democracia e aos direitos fundamentais.

Desde os primórdios, a rejeição de autores pós-positivistas nacionais certamente não se dirigiu à filosofia política de pensadores da estatura de Edmund Burke, Michael Oakeshott, Roger Scruton, Ortega y Gasset ou John Kekes. Claro, as teses pós-positivistas entrechocam-se, no final das contas, com diversas teses de tais autores. Mas o que quero dizer é que não se observa nos escritos de pós-positivistas brasileiros tradicionais, no período da euforia, qualquer tentativa de rebater construções *teóricas* sofisticadas de paradigmas filosóficos do pensamento conservador. Eu diria mais: não se observa sequer conhecimento adequado da estrutura do pensamento, dos compromissos morais, do conteúdo de conceitos filosóficos e dos projetos políticos do conservadorismo teórico.

Se não foi para os livros de filósofos conservadores, para onde, então, pós-positivistas nacionais olharam quando afirmaram, com tanta tenacidade, estarem ombreados com o progresso, e não com formas tradicionalistas de pensamento? A resposta é esta: à história constitucional brasileira. Ou, de modo mais preciso: ao conservadorismo atribuído a juristas e atores políticos que, em nossa história institucional, aderiram ao – ou deixaram-se inconscientemente contaminar pelo – *realismo autoritário brasileiro*.

Com efeito: a ideia de realismo autoritário, que é da substância do significado de conservadorismo no contexto nacional, costuma ser vinculada à visão de juristas apologéticos à Constituição autoritária de 1937, como Francisco Campos, Oliveira Vianna e Monte Arraes. Tratou-se, ali, de defender o fortalecimento desproporcional dos poderes do Presidente da República (Vargas), a bem dos "interesses nacionais", da efetivação dos "direitos sociais", da segurança do Estado, da "funcionalidade" da democracia, da tecnicidade da atuação estatal e do controle social das massas ascendentes:

> A construção constitucional proposta por Campos tinha como vetor a criação de um amplo rol de 'novos direitos' de conteúdo substancial, que envolvia o direito a serviços e bens, o direito ao trabalho, o direito a um padrão razoável de vida, o direito à 'higiene pública', o direito à educação e à proteção contra os infortúnios da vida (desemprego, acidentes, doenças, velhice). Tais direitos seriam a condição de acesso aos 'bens da civilização e da cultura'. Consequentemente, o poder do Estado teria de ser 'imensamente maior do que o poder atrofiado pelo conceito negativo da democracia do século XIX', de modo a conseguir assegurar aos homens o gozo dos novos direitos, o Estado deveria então exercer o controle de todas as atividades sociais: a economia, a política e a educação'.[10]

Marco Napolitano, na obra *História constitucional brasileira*, organizada por Luis Rosenfield e Danilo Pereira Lima, suscitou a interessante tese de que haveria pontos de contato entre a visão autoritária do Estado Novo e a visão autoritária da Ditadura Militar, em especial no que se refere à edição do AI-5, em um tipo recorrente de "autoritarismo de crise". Também ali haveria algum tipo de realismo autoritário, com apelo a "tradições do nosso povo", mas dessa vez adaptado à realidade da Guerra Fria. Segundo Napolitano,

---

[10] ROSENFIELD, Luís. *A revolução conservadora*: genealogia do constitucionalismo autoritário brasileiro (1930-1945). Porto Alegre: ediPUCRS, 2021. p. 318.

os "dois vetores históricos que sempre estiveram no repertório das *elites conservadoras brasileiras*", isto é, o "liberalismo formal de tradição oligárquica e constitucionalista" e o "autoritarismo pragmático na administração da ordem política e social",[11] mostravam mais uma vez sua força cultural.

Eis, portanto, o conteúdo da alegação pós-positivista de que está a conduzir-se contra o conservadorismo. Conservadorismo, na equação, equivale a realismo autoritário. Ora, mas se é assim, um primeiro problema surge: certamente pós-positivistas, com suas credenciais progressistas, não são os únicos a rejeitarem tal fenômeno. Nem Burke, nem Oakeshott, nem Scruton, nem Kekes, nem autores da tradição ética aristotélico-tomista que também empregarei neste estudo, como MacIntyre, Abbà e Finnis, sustentaram filosófica ou politicamente nada parecido com o pragmatismo tecnicista das "elites conservadoras brasileiras". O autoritarismo brasileiro, aliás, já no Estado Novo tinha feições bem particulares, como bem notou Luis Rosenfield, sendo suficiente, para os propósitos deste estudo, rememorar que, ao contrário da experiência autoritária internacional da época, por aqui nem mesmo de "partido único" se cogitava. Ao contrário, o poder do Presidente da República brasileira deveria estar acima de qualquer concepção partidária, e não seria coerente para os fins autoritários que ele estivesse vinculado a qualquer partido político.

Por vezes acrescida de estudos sobre neoliberalismo, a rejeição do pós-positivismo nacional ao conservadorismo atribui ao termo, de partida, concepção autoritária que qualquer pessoa com decência, e não apenas pós-positivistas progressistas, rejeitam ou deveriam rejeitar. Mesmo assim, em modalidade de rebite teórico, pós-positivistas brasileiros, após martelarem e fincarem as teses da "Constitucionalização do Direito", da "Constituição Dirigente" e da "Doutrina da Efetividade" no texto constitucional, entortaram as pontas do prego para assegurar a tais teses a posição de *única* explicação legítima do projeto constitucional. Não estão elas, em rigor, sujeitas a refutações, pois traduzem com fidelidade aquilo

---

[11] NAPOLITANO, Marcos. *Juristas autoritários*: o uso do Direito na consolidação da ditadura militar. *In*: ROSENFIELD, Luis; LIMA, Danilo Pereira (org.). História Constitucional Brasileira. Porto Alegre: edi PUCRS, 2022. p. 306.

que se espera dos "potenciais emancipatórios" da Constituição de 1988. Focar o aspecto histórico, por óbvio, foi um aspecto necessário e natural no contexto de fins de 1980 e início de 1990. Mas, no longo prazo, a confusão semântica entre conservadorismo e realismo autoritário brasileiro conduziu à marginalização em cursos universitários de teorias conservadoras que continuam a ser importantes para estabelecer contrapontos às aspirações políticas e morais do pós-positivismo nacional.

Aliás, ainda com base no recorte histórico aqui realizado, há outro aspecto central que peço que o leitor perceba durante a leitura desta obra. O principal inimigo do pós-positivismo brasileiro não é, em rigor, o positivismo jurídico, e sim o conservadorismo, com o significado embutido de realismo autoritário.[12] Pós-positivistas brasileiros só atacaram o positivismo jurídico em razão de terem distorcido a teoria a ponto de encontrarem conexões necessárias entre, de um lado, supostas teses do positivismo jurídico e, de outro, modos de pensar reputados como aderentes à – ou influenciados pela – "teoria tradicional" vigente em contextos como o do Estado Novo ou da Ditadura Militar. O "senso comum teórico" estaria em alguma medida contaminado, ainda que de forma inconsciente, por toda essa tradição autoritária. Por isso – e, segundo pós-positivistas, nada mais que isso –, autores asfixiados em tal senso comum estariam a persistir nas tentativas de subordinar abstratamente os direitos individuais aos interesses sociais, de opor-se à efetivação de direitos sociais (por mais que, curiosamente, um dos pretextos do autoritarismo do Estado Novo fosse justamente a efetivação de tais direitos) e de resistir à ideia de que os "novos tempos" espelham a necessidade de um "novo paradigma", de uma "nova hermenêutica", de uma "nova teoria das fontes", enfim, de um "novo Constitucionalismo".

---

[12] Se houvessem percebido a tempo e modo a modéstia metodológica dos positivismos jurídicos de Kelsen e Hart e as brutais diferenças entre tais positivismos e aquilo que no século XIX se conheceu como "positivismo exegético", possivelmente os pós-positivistas nacionais tivessem direcionado a mira argumentativa contra autores que realmente colocam obstáculos aos seus sonhos progressistas. Ou seja: teriam enfocado autores de filosofia política normativa conservadora, como os que serão usados nesta obra, ou, ao menos, de teorias jurídicas prescritivas com afinidades conservadoras, como as de Antonin Scalia e Alexander Bickel, mas nunca teorias pretensamente descritivas do Direito. Sobre a modéstia metodológica do positivismo jurídico, confira o capítulo 2.

1.3 A calorosa recepção no Poder Judiciário

Agora perceba o seguinte: Richard Posner, pragmatista, e Mark Tushnet, constitucionalista popular, estão em lados totalmente opostos quando se trata de papéis institucionais e interpretação judicial. Um judiciário mais ambicioso em questões moralmente sensíveis não se mostra problemático ao primeiro. Ao segundo, sim. Mas a brutal divergência não os impediu de traçar um mesmo – e certeiro – diagnóstico. Posner, no livro *How Judges Think*, afirma que juízes não gostam de ter suas asas cortadas. Na mesma linha, Tushnet, no livro *Taking The Constitution Away from the Courts*, alerta que não deveríamos nos surpreender quando vemos juízes aderirem a teorias interpretativas ambiciosas, pois isso torna suas funções muito mais interessantes.

Ora, não se trata de uma fabulosa explicação do que aconteceu aqui em terras brasileiras? Teria sido estranho se juízes brasileiros – em especial aqueles que ocupam posições mais elevadas na hierarquia judiciária e lidam com maior frequência com "casos difíceis" –,[13] acompanhando todo o estímulo eufórico das universidades nacionais à argumentação moral via Poder Judiciário, houvessem negligenciado as teses do pós-positivismo.[14] Ocorreu o esperado:

---

[13] Pela experiência prática, desde a advocacia, passando pela assessoria de Ministra do STJ, até, nos últimos anos, a condição de promotor de justiça, tenho observado que a adesão a metodologias ambiciosas do pós-positivismo costuma aumentar na exata proporção em que se sobe na hierarquia judiciária e se oportunizam com maior recorrência julgamentos relacionados a casos difíceis. O STF, certamente, é o local mais apropriado para exames de tal natureza, em especial em ações abstrato-concentradas ou casos com repercussão geral. Os tribunais de segunda instância, conforme pesquisa histórica que realizei sobretudo para a obra *Democracia e respeito à lei*, parcialmente reproduzida aqui, também foram muito impactados pelos "novos tempos". De todo modo, nos milhares de processos da primeira instância em que já atuei (em especial na área criminal), a impressão é que as principais divergências entre as partes não costumam ser sobre interpretação jurídica, e sim sobre questões de fato. Mesmo quando abrangem a interpretação jurídica, tais divergências não costumam vincular-se a pretensões de leituras ambiciosas com base em "filtragens constitucionais", e sim a desacordos razoáveis sobre o significado da lei em questão, à luz, muitas vezes, de precedentes de tribunais superiores. Por essas razões, creio que muitas das críticas deste livro se dirigem mais à relação entre, de um lado, certos papéis judiciários específicos de destaque e, de outro, aquilo que a doutrina chama de "casos difíceis", do que à prática cotidiana de casos menores que são regulados por regras claras cujo significado costumeiramente não vem a ser disputado em termos de Constituição Dirigente, totalitarismo constitucional, nova hermenêutica, novos tempos etc. Nesses termos, minhas menções ao Poder Judiciário no decorrer do livro devem ser lidas levando em consideração essas distinções.

[14] Teorias formalistas como o positivismo ético-normativo e o originalismo, ao suplicarem que juízes e outros atores jurídicos não eleitos sejam menos ambiciosos, têm de lidar

a recepção foi calorosa, regada a celebrações. A euforia acadêmica logo uniu forças à crescente euforia judiciária.

Em outro estudo, fiz um passeio jurisprudencial pelos Tribunais de segunda instância para mostrar a alegria com que o pós-positivismo nacional foi recebido. Reproduzo-o parcialmente aqui.[15] Já nos idos de 2002, o TRF-2 reprovava o rigor do "positivismo normativista" e elogiava "valores maiores" como a "justiça e a dignidade da pessoa humana".[16] O TRF-1 falou em "positivismo exacerbado" e tentativas "falaciosas" de justificar racionalmente atos de força pelo simples motivo de serem "direito positivo regularmente lançado pelo Estado", imputando à teoria a culpa pelas "páginas mais terríveis da história, como o nazismo".[17] O TRF-3 registrou que "o magistrado deve superar o puro positivismo jurídico",[18] de modo a fazer valer a principiologia constitucional. O TJES ponderou que, com "a ruptura paradigmática oriunda do pós-positivismo", o Poder Público não mais está restrito à legalidade estrita, mas também a princípios.[19] O TJMG celebrou o "poder vinculante superior" dos princípios, quando comparados às regras.[20] O TJRJ aplicou a adolescente medida socioeducativa mais grave do que a legalmente cabível no caso concreto, fazendo-se constar que tal possibilidade "decorre do pós-positivismo", por haver uma "sobreposição" dos princípios sobre as regras e, por conseguinte, ser necessária a busca

---

com um obstáculo prático de *marketing*. Cito "juízes" porque há, na doutrina nacional e estrangeira, bastante ênfase na prescrição sobre como deve ser a atividade jurisdicional. Mas penso que são subestimados debates sobre os impactos do pós-positivismo brasileiro em outros agentes públicos, como promotores e delegados, com possíveis implicações em ativismo ministerial ou ativismo policial.

[15] Aqui, faço uma pequena amostragem de julgados que, desde a década de 2000, mencionam o pós-positivismo. Todavia, em termos de explicação sociológica sobre a internalização de conceitos e sobre nossa prática judiciária, mais importante do que apontar as citações nominais ao pós-positivismo é perceber a vasta quantidade de julgados que adotam o *modo de raciocínio* pós-positivista, ainda que sem expressamente mencioná-lo.

[16] TRF-2 - EIAC: 50219 93.02.13160-2, Relator: Desembargadora Federal Vera Ltcia Lima, Data de Julgamento: 13/06/2002, Primeira Seção, Data de Publicação: DJU - Data: 04/12/2002.

[17] TRF-1 - AC: 7609 GO 2000.35.00.007609-3, Relator: Desembargador Federal Fagundes de Deus, Data de Julgamento: 16/05/2007, Quinta Turma, Data de Publicação: 24/08/2007.

[18] TRF-3 - ACR: 2117 MS 0002117-92.2011.4.03.6002, Relator: Juiz Convocado Márcio Mesquita, Data de Julgamento: 08/04/2014, Primeira Turma.

[19] TJ-ES - AI: 24079011078 ES 24079011078, Relator: Catharina Maria Novaes Barcellos, Data de Julgamento: 09/09/2008, Quarta Câmara Cível, Data de Publicação: 08/10/2008.

[20] TJMG - Apelação Cível 1.0024.02.838225-7/001, Relator(a): Des.(a) José Flávio de Almeida, 12ª Câmara Cível, julgamento em 29/04/2009, publicação da súmula em 01/06/2009.

pela "interpretação mais justa e consentânea com o dinamismo que o direito requer". O mesmo Tribunal consignou que o pós-positivismo "impõe outra atitude" por parte dos operadores do Direito, com a "possibilidade, até mesmo, de afastar-se regra escrita para aplicar normas fundadas em princípios de direito, em busca da realização da justiça no caso concreto".[21] O TRE-ES sustentou uma releitura do princípio da legalidade, pois, no pós-positivismo, "[a] lei passa a se subordinar aos Princípios Constitucionais de Justiça e aos Direitos Fundamentais, cabendo ao julgador em primeiro lugar compreender a lei à luz dos referidos Princípios".[22] O TRT-9 apontou que, "em virtude do chamado pós-positivismo que caracteriza o atual Estado Constitucional", exige-se do juiz "postura muito mais ativa".[23] O TRT-5 explicou que o Judiciário "investiu-se no chamado ativismo judicial", o que o autorizaria a "afastar-se das limitações do positivismo dogmático para, proativamente, interpretar e criar as normas necessárias à concretização das garantias fundamentais".[24]

Os Tribunais Superiores também não demoraram a embarcar na altura dos tempos. Em 2004 havia no Superior Tribunal de Justiça julgados mencionando expressamente os novos tempos pós-positivistas,[25] inclusive com diversos acórdãos chamando Ronald Dworkin de *Edward* (sic) Dworkin.[26] Falou-se em "ponderação de valores"[27] e que, no pós-positivismo, a solução de litígios deve estar

---

[21] TJ-RJ - HC: 00469836720148190000 RJ 0046983-67.2014.8.19.0000, Relator: Des. Siro Darlan de Oliveira, Data de Julgamento: 23/09/2014, Sétima Camara Criminal, Data de Publicação: 26/09/2014.

[22] TRE-ES - RE: 4883 ES, Relator: Rachel Durão Correia Lima, Data de Julgamento: 28/01/2013, Data de Publicação: DJE - Diário Eletrônico da Justiça Eleitoral do ES, Data 06/02/2013.

[23] TRT-9 99527200513903 PR 99527-2005-13-9-0-3, Relator: Ana Carolina Zaina, 2ª. Turma, Data de Publicação: 23/10/2007.

[24] TRT-5 - RecOrd: 00007498320135050038 BA 0000749-83.2013.5.05.0038, Relator: Ivana Mércia Nilo De Magaldi, 1ª. Turma, Data de Publicação: DJ 04/06/2014.

[25] STJ, REsp n. 567.873/MG, relator Ministro Luiz Fux, Primeira Turma, julgado em 10/2/2004, DJ de 25/2/2004; REsp n. 677.603/PB, relator Ministro Luiz Fux, Primeira Turma, julgado em 22/3/2005, DJ de 25/4/2005.

[26] "O estágio atual da ciência jurídica vive a era do pós-positivismo, o que Norberto Bobbio denominava estado principiológico ou sistema jurídico de princípios na acepção moderna de Robert Alexy e *Edward* Dworkin." (REsp n. 541.239/DF, relator Ministro Luiz Fux, Primeira Seção, julgado em 9/11/2005, DJ de 5/6/2006). Edward também aparece nos seguintes julgados: EREsp 675201; AgRg no REsp n. 672.480/SC; AgRg no Ag n. 886.162/PR; EDcl no REsp n. 541.239/DF.

[27] STJ, REsp n. 1.111.743/DF, relatora Ministra Nancy Andrighi, relator para acórdão Ministro Luiz Fux, Corte Especial, julgado em 25/2/2010, DJe de 21/6/2010.

voltada "para a quaestio apresentada, e não para a norma em si".[28] No Supremo Tribunal Federal há também menções diretas em ao menos 22 decisões ao pós-positivismo e ao neoconstitucionalismo. A quantidade relativamente baixa de menções diretas aos nomes não deve, todavia, desviar o foco do que substancialmente importa: o recorrente emprego, pelo STF, sobretudo em ações abstrato-concentradas, de vocabulário, crenças, modos de raciocinar, conceitos e trejeitos argumentativos tipicamente pós-positivistas com o propósito declarado ou velado de justificar ampliação de sua própria jurisdição em debates moralmente sensíveis com impacto nacional, como a ideia de dirigismo constitucional, de constitucionalização de todos os ramos do Direito, de natureza normativa dos princípios, de ponderação de princípios, de mutação constitucional, de filtragem constitucional, de vedação ao retrocesso social, de ubiquidade constitucional etc.

O histórico da jurisprudência pátria sugere que o imaginário dos juízes brasileiros recepcionou com grande apreço, ainda que implicitamente, a teoria do pós-positivismo brasileiro. Após aprofundada pesquisa jurisprudencial percebi que não existe no Brasil um único tribunal que tenha afastado casuisticamente a aplicação de uma lei válida e eficaz sob o fundamento de que o fazia com supedâneo no positivismo jurídico. As menções feitas ao positivismo jurídico na jurisprudência costumam aderir ao clássico erro cometido pelo pós-positivismo nacional relativo à confusão entre positivismo (em geral de Hans Kelsen) e legalismo.

1.4 A colaboração do Poder Legislativo

Em boa medida, a onipresença e o protagonismo político-social do Poder Judiciário no espaço público brasileiro dos últimos anos derivam da sinergia entre três fatores importantes: (I) a academia pós-positivista nacional e seu agressivo estímulo à argumentação moral de juízes; (II) a recepção calorosa de tal estímulo por parte de juízes predispostos a tomar decisões ambiciosas; e (III) a colaboração

---

[28] STJ, AgRg no REsp n. 1.056.333/RJ, relatora Ministra Denise Arruda, relator para acórdão Ministro Benedito Gonçalves, Primeira Turma, julgado em 25/5/2010, DJe de 18/6/2010.

espontânea, por ação e por omissão, do próprio Poder Legislativo, sobretudo durante as décadas de 2000 e 2010.

Os dois primeiros fatores, abrangidos pela análise dos tópicos anteriores, geralmente são os objetos de crítica por quem, como eu, não se deixa convencer pela retórica do pós-positivismo brasileiro. Todavia, o terceiro fator, embora por vezes ignorado, é essencial para a compreensão do todo: parte do protagonismo atual do Poder Judiciário foi construída com colaboração institucional do Poder Legislativo. Por ação e por omissão: desde a década de 1990, o Congresso Nacional, por vezes, criou atos normativos ampliando a autoridade do Poder Judiciário e, por vezes, não reagiu institucionalmente, em forma de *backlash*, contra decisões judiciais que diminuíram a relevância decisória da esfera legislativa.

Para entender esse ponto, lembremos de registro histórico e jurídico feito pelo cientista político Matthew Taylor em seu livro *Judging Policy: Courts and Policy Reform in Democratic Brazil*: a Constituição de 1988 caracteriza-se por ter ampliado de modo significativo as "avenidas institucionais para a contestação política de normas jurídicas". Essa é uma expressão bonita e pertinente para afirmar que, até a promulgação da Constituição de 1988, eram muito mais discretos tanto os acessos diretos ao Supremo Tribunal Federal quanto as possibilidades formais e argumentativas para requerer ao Poder Judiciário a invalidação de escolhas legislativas.

Basta lembrar que, até a promulgação da Emenda Constitucional 16/1965, ainda na vigência da Constituição Federal de 1946, não havia no Brasil previsão normativa de ação direta para controle abstrato-concentrado de normas jurídicas.[29] E mesmo a EC 16/1965, quando comparada à realidade atual, foi tímida em suas previsões: trouxe apenas uma modalidade de ação abstrata (ação direta de inconstitucionalidade) e confiou apenas ao Procurador-Geral da República a legitimidade para ajuizá-la.

---

[29] A representação interventiva prevista na Constituição de 1934 permitia ao Procurador-Geral da República que provocasse originariamente o Supremo Tribunal Federal, em controle concentrado vinculado à temática da intervenção federal, mas não se tratava de medida destinada ao controle *abstrato* de normas jurídicas. Enquanto a representação interventiva configurava, na CF/34, um controle concentrado-concreto de constitucionalidade, a ação direta de inconstitucionalidade, na CF/46, após a EC 16/65, passou a prever uma modalidade de controle concentrado-abstrato.

Ao contrário da anterior contenção institucional aos questionamentos sobre inconstitucionalidade de leis, a Constituição de 1988, suas emendas posteriores e as leis ordinárias correspondentes consagraram, já na década de 1990, o seguinte cenário:

Sistema jurídico brasileiro	
Pré-1988	Pós-1988
Apenas uma ação direta concentrado-abstrata (ADI – EC 16/1965)	Quatro ações diretas concentrado-abstratas (ADI, ADC, ADO e ADPF)
Apenas um legitimado para ajuizar a ADI (Procurador-Geral da República)	Dez legitimados para ajuizar qualquer uma das ações abstrato-concentradas (Presidente da República, Mesa do Senado Federal, Mesa da Câmara dos Deputados, Mesa de Assembleia Legislativa ou da Câmara Legislativa do Distrito Federal, Governador de Estado ou do Distrito Federal, Procurador-Geral da República, Conselho Federal da Ordem dos Advogados do Brasil, partido político com representação no Congresso Nacional, confederação sindical e entidade de classe de âmbito nacional)
–	Previsão de controle direto de omissões constitucionais (ADO)
–	Previsão de instrumento subsidiário para "evitar" ou reparar lesão a "preceitos fundamentais" (ADPF)

Ao lado de tudo isso, tornou-se pacífico na doutrina e na jurisprudência o entendimento de que a CF/88 também consolidou um sistema difuso de controle de constitucionalidade, a permitir que a invalidade de leis fosse suscitada, de forma incidental, perante milhares de juízes pelo Brasil afora.

Esses fatos institucionais demonstram que a Constituição de 1988, já por escolha do constituinte originário, atribuiu muito mais confiança ao Poder Judiciário do que outrora havia sido cogitado pelas demais constituições brasileiras. Em alguma medida, essa ampliação original pode ser explicada como resultante da transição democrática. Houve ostensiva preocupação por parte do Constituinte Originário quanto à previsão não apenas de direitos, como também algum órgão autônomo e independente destinado a garantir a defesa desses direitos. A esperança voltou-se, em boa medida, à esperada imparcialidade do Judiciário. A guarda da Constituição foi atribuída ao Supremo Tribunal Federal. O Ministério Público foi fortalecido como fiscal da ordem jurídica. Mas o percurso continuou para além de fins da década de 1980 e de 1990. Tanto o constituinte derivado quanto o legislador ordinário colaboraram, por ação e por omissão, para a desproporcional escalada da força normativa e do protagonismo político dos entendimentos proferidos pelo Poder Judiciário, em especial pelo STF. A EC 45/2004 previu a edição de Súmulas Vinculantes e o instituto da Repercussão Geral nos recursos extraordinários. Sem tanta demora, no ano de 2007 começou a ganhar força, dentro do Supremo Tribunal Federal (vide Reclamação 4.335-5/AC), sobretudo pelos argumentos dos ministros Gilmar Mendes e Eros Grau, a ideia de que o art. 52, X, da CF/88 havia sido submetido a um processo de mutação constitucional. Em seu voto, o ministro Eros Grau sustentou que o fenômeno da mutação constitucional não se confunde com mera mudança de sentido limitada pelo texto (como um tipo de relação texto-norma). Em verdade, o que o STF estava a fazer – legitimamente, segundo o ministro – era "ultrapassar os lindes do texto", porque considerado "obsoleto".

Não quero sugerir que a visão específica do ministro Eros Grau se tornou dominante. Ao contrário, desde então há e houve muita divergência quanto ao conceito de mutação constitucional, sua operabilidade e desejabilidade práticas, e à ocorrência ou não de mutação do art. 52, X. O que chama a atenção, todavia, é isto: falou-se ostensivamente em redação de *novo texto* para a Constituição (como um tipo de relação texto antigo-texto novo).[30] E, mesmo com eufemismos retóricos, quem por outros meios defende a mutação do art. 52, X, está, em rigor, concordando com reescrituras interpretativas do texto constitucional. Ao substituir, no texto e na prática, "*suspender* a execução" por "*dar publicidade à suspensão* da execução", o STF fatiou unilateralmente parcela considerável dos

---

[30] Merece destaque o seguinte trecho do voto: "Daí que a mutação constitucional não se dá simplesmente pelo fato de um intérprete extrair de um mesmo texto norma diversa da produzida por um outro intérprete. Isso se verifica diuturnamente, a cada instante, em razão de ser, a interpretação, uma prudência. Na mutação constitucional há mais. Nela não apenas a norma é outra, mas o próprio enunciado normativo é alterado. O exemplo que no caso se colhe é extremamente rico. Aqui passamos em verdade de um texto [compete privativamente ao Senado Federal suspender a execução, no todo ou em parte, de lei declarada inconstitucional por decisão definitiva do Supremo Tribunal Federal] a outro texto [compete privativamente ao Senado Federal dar publicidade à suspensão da execução, operada pelo Supremo Tribunal Federal, de lei declarada inconstitucional, no todo ou em parte, por decisão definitiva do Supremo]".

pesos e contrapesos traçados pelo Constituinte Originário, reduzindo o âmbito de atuação do Poder Legislativo no controle difuso.

Houve, claro, momentos de reação legislativa. Ainda no decorrer dos anos 2000 e início de 2010, o STF por duas vezes evocou o princípio da individualização da pena – em interpretação que confunde individualização com "justiça do caso concreto" e desconsidera a necessária e desejável participação do Poder Legislativo na delimitação do conteúdo do referido princípio – para declarar a inconstitucionalidade, primeiro, do regime *integral* fechado obrigatório para crimes hediondos e equiparados (HC 82.959/SP) e, segundo, do regime *inicial* fechado obrigatório (HC 111.840/ES). O Poder Legislativo, ao não se silenciar quando da declaração do regime *integral* fechado, insistiu no endurecimento da execução penal de crimes considerados pelos representantes do povo mais graves do que a média com previsão de regime *inicial* fechado. Mas, após o segundo julgamento, o debate sobre constitucionalidade morreu ali, com posterior confirmação no ARE 1.052.700/RG e edição da Súmula Vinculante 26.

Também no início da década de 2010 o STF proferiu decisão reconhecendo que, embora o texto do art. 226, §3º, da CF/88 estabeleça ser passível de proteção do Estado "a união estável entre o homem e a mulher como entidade familiar" e embora os debates dos Constituintes originários revelassem que o significado original dado ao texto era restritivo, o dispositivo em verdade, à luz sobretudo do princípio constitucional da isonomia, estaria a estabelecer mero rol exemplificativo, e não a proibir a união estável homoafetiva (ADI 4277 e ADPF 132). Como reação, parcela de congressistas apresentou projeto de lei intitulado Estatuto da Família, o qual retomava a ideia de família como núcleo social composto por homem e mulher. Oportuno salientar, por fim, a Emenda Constitucional 96/2017, por meio da qual o Legislativo reagiu à declaração de inconstitucionalidade, por parte do STF, da prática da "vaquejada", na ADI 4983/CE.[31]

---

[31] Há, claro, o polêmico julgado do STF na ADO 26, que, em 2019, enquadrou a homotransfobia nos tipos penais previstos na Lei Antirracismo. Por volta de 2019 a 2022, sob impacto em mim exercido em meados de 2010 pela extensa obra de Richard Rorty, cometi o erro de apoiar a posição do pós-positivista Paulo Iotti, autor da ação. Talvez esse seja o mais destacado exemplo de mudança de opinião que tive em tempos recentes. Então deixe-me

De todo modo, em nova rodada de transferência voluntária de autoridade jurídica, em 2015 o Congresso Nacional aprovou o novo Código de Processo Civil prevendo um sistema brasileiro – demasiadamente brasileiro – de precedentes judiciais "vinculantes". Se em países com tradição no raciocínio via precedentes, como a Inglaterra, a ideia mesma de precedentes sempre esteve ligada, por um lado, à solidez argumentativa da *ratio decidendi* e, por outro, à aceitação por juízes futuros do valor e significância institucional da decisão pretérita, no Brasil optou-se por empregar como critério para

---

explicar o ponto. Como explorei na obra Pragmatismo no Direito, de 2018 (fruto do referido impacto), Rorty defende que nossos vocabulários são radicalmente maleáveis e de que nossos conceitos podem ser redefinidos de tempos em tempos a partir de redescrições limitadas apenas por instâncias conversacionais. À época da ADO 26, eu estava de acordo com as ideias rortyanas de verdade desinflacionada, de paridade de descrições, de prioridade do social sobre o epistemológico e de behaviorismo epistemológico. À época, eu também havia relativizado algumas de minhas antigas posições jurídicas sobre o positivismo ético-normativo com base na própria filosofia de Rorty. Hoje, todavia, a reabertura dos livros de autores das tradições aristotélica-tomista e conservadora mencionados em diversos trechos deste estudo e a reflexão sobre o rápido avanço no Brasil de formas extremistas e truculentas de progressivismo, como o pós-modernismo identitário, fizeram-me retornar à rota teórica que defendi na primeira edição do livro Democracia e Respeito à Lei, de 2015, no que se refere ao valor social do procedimentalismo, da prudência política, da primazia do Legislativo, do desfrute de instituições tradicionais e do respeito a desacordos morais razoáveis. Atualmente encaro Rorty como autor que explorou as formas de manipulação sentimental a que podem conduzir o caráter maleável da linguagem. Continuo a concordar, em alguma medida, com a parte da filosofia de Rorty que enfoca a linguagem como instrumento flexível, evolucionista e naturalizado, mas vejo tal assertiva não na perspectiva otimista, dele próprio, de viabilidades crescentes de manipulação moral e sentimental de cunho progressista, e sim na perspectiva receosa sobre os riscos de tais tipos de manipulação a conquistas tradicionais e institucionais estabilizadas. Além disso, com o retorno a autores de cariz aristotélico-tomista, abandonei a ideia de que a distinção aparência/realidade constitui ilusão dentro de um mundo retórico. Quanto à ADO 26, meu afastamento de Rorty não invalida a conclusão de que o conceito de racismo detém natureza social. Mas, ao contrário do que sustentei ao tempo do julgamento, reconhecer isso não diz muito em termos de raciocínio *jurídico*. Pois mesmo diante da socialidade do termo racismo, o fato é que o único julgado que colaborava com tal visão (caso Ellwanger) foi decidido pelo STF, por maioria, em ação subjetiva de *habeas corpus* no longínquo ano de 2003, com publicação em início de 2004. De 2004 a 2019, ninguém – nem o próprio STF, nem o STJ, nem os Tribunais de segunda instância, nem os mais de 15 mil juízes brasileiros – cogitou valer-se de tal entendimento para, pela via interpretativa do Poder Judiciário, estender hipóteses de incidência da lei antirracismo para outros grupos minoritários. Não houve qualquer *prática social ou jurídica* que lembrasse a tese ambiciosa formulada por Iotti na ADO 26. A decisão da ADO 26 não configura nem reafirmação de jurisprudência, nem respeito a precedente, pois uma única decisão proferida por maioria em ação subjetiva 15 anos antes da ADO 26 não preenche os requisitos analíticos nem da categoria de "jurisprudência" nem da categoria de "precedente". Não melhora o cenário o fato de, nos últimos anos, Iotti ter escrito centenas de páginas a respeito do tema e organizado livro específico com diversos autores que, valendo-se das mais variadas doutrinas, tentaram conceder legitimidade teórica retroativa à criatividade da ADO 26.

a atribuição de vinculação meramente a identidade da autoridade jurídica que profere a decisão e o procedimento que se valeu para proferi-la. Ou seja: o precedente vinculante brasileiro não advém de uma cultura de precedentes (pois, por aqui, até 2015 estudantes de Direito e juízes nem sequer tinham sido treinados nas faculdades sobre a lógica dos precedentes), e sim do fato de, por exemplo, o Supremo Tribunal Federal ter proferido decisão no âmbito de ação de controle concentrado-abstrato de constitucionalidade.

Tão contundente foi a transferência de autoridade ao Judiciário desde, ao menos, a EC 45/2004; em outro estudo, registrei que o cenário atual das fontes do Direito obriga que juízes de instâncias inferiores obedeçam, em primeiro lugar, os precedentes vinculantes, por exemplo, do STF, mesmo que tais precedentes estejam em flagrante desacordo com os limites semânticos do texto da lei interpretada – ou mesmo da analítica Constituição de 1988. Chamei isso de *variação contingente da hierarquia das fontes jurídicas*: hipóteses contextuais em que, por vontade do próprio Poder Legislativo, como uma modalidade exótica de realismo jurídico "normativo", o precedente judicial adquire mais força do que a própria lei ou do que o próprio texto da Constituição.

1.5 A fase da autocrítica

A euforia inicial não impediu que alguns eméritos membros do movimento pós-positivista brasileiro notassem algo de errado. O elástico da propugnada "nova hermenêutica" estava sendo esticado para além do tolerável. Estava conduzindo a arbítrios judiciais. O vocabulário pós-positivista estava sendo utilizado por magistrados mais ambiciosos como uma espécie de disfarce argumentativo. Ora, juristas e não juristas cobram de magistrados alguma adesão ao Direito. Trata-se de pressão social difusa bem conhecida. Não obstante, o pós-positivismo, ao menos como exercitado naquele momento inicial de excitação coletiva, havia providenciado um perfeito acoplamento entre duas coisas: de um lado, os desejos pessoais de juízes ávidos por realizar, em suas decisões, gananciosas transformações sociais; de outro, os meios retóricos para que parecessem estar apenas "aplicando o Direito".

De meados para fins da década de 2000, e de forma ainda mais incisiva a partir do início da década de 2010,[32] o pós-positivismo brasileiro, da fase inicial da euforia coletiva, passou à fase da autocrítica. Veja: até ali nenhum pós-positivista brasileiro tinha chegado nem perto de enfrentar a versão contemporânea do positivismo jurídico. Em 2006, gritando em meio ao deserto, Dimitri Dimoulis destinou um livro inteiro a denunciar tal negligência. Do nascedouro até por volta de 2015, não houve por parte dos mais destacados pós-positivistas brasileiros qualquer menção ao positivismo jurídico contemporâneo, que vem ao menos desde a década de 1960 e desde então desafia teses não positivistas, representado por autores como Joseph Raz, Scott Shapiro, Andrei Marmor, Jules Coleman, Wil Waluchow, entre tantos outros. A esmagadora maioria continuava a atacar o positivismo de Hans Kelsen – e, ainda assim, coisas que ele jamais havia defendido, como a tese exegetista de que juízes devem aplicar mecanicamente a lei, ou, ainda, no extremo oposto, a tese de que ele "apostava" em discricionariedade judicial, como se sua ideia tivesse sido a de endossar eventuais posturas ativistas de juízes.

Por conseguinte, de 2005 a 2015 persistiu em vigor, mergulhado em um misto de desconhecimento orgulhoso e distorção, o consenso da "superação" do positivismo. Barroso continuou a defender a tese de que a queda do positivismo jurídico coincidia com a queda do nazismo (superação moral), enquanto Streck e seus alunos insistiram na tese de que positivistas não tinham incorporado as viragens linguísticas do Século XX (superação filosófica). As coisas, todavia, estavam fugindo do controle, e qualquer observador sensato conseguia perceber que artigos acadêmicos e decisões judiciais valiam-se do discurso do "novo Direito Constitucional" para concretizar sonhos pessoais, e não propósitos institucionais do Direito. Nesse período, pós-positivistas passaram a acusar-se uns aos outros de terem exagerado na dose de idealismo moral.

---

[32] Caso concreto que bem ilustrou a discrepância entre os pós-positivistas foi o reconhecimento, em 2011, da união estável homoafetiva pelo Supremo Tribunal Federal. Barroso era destacado defensor da constitucionalidade da tese. Lenio Streck, por sua vez, desde 2009 havia escrito textos chamando a tese de "ativista", de "terceiro turno da Constituinte", e lamentando um tardio "retorno à jurisprudência dos valores".

Dentre os inovadores armamentos sofísticos à disposição de magistrados, a palavra "princípios" havia usufruído de especial destaque. Alguns acadêmicos e juízes tinham descoberto que, para dobrar a lei a seu gosto pessoal, bastava declarar que "estamos em tempos pós-positivistas" e, ato contínuo, ostentar, quando não propriamente inventar, um "princípio" que afastasse ou excepcionasse a incidência de uma regra.[33] Suplicando para que determinados pós-positivistas descessem da lua, Daniel Sarmento diagnosticou que os princípios estavam servindo como uma "varinha mágica" para juízes fazerem o que queriam ("carnavalização dos princípios") e, em texto de 2009 intitulado "O neoconstitucionalismo no Brasil: riscos e possibilidades", criticou o que chamou de "oba-oba constitucional". Humberto Ávila, também em 2009, registrou que não se podia falar em supremacia dos princípios sobre as regras, e sim em funções normativas distintas, e complementares, a serem desempenhadas. Barroso alertou que o "ir além" da legalidade estrita não poderia ser equiparado a voluntarismos ligados ao simples desprezo pelo Direito Posto. Lenio Streck elaborou a tese do pamprincipiologismo, acusando seus pares pós-positivistas de não terem compreendido que o "ovo da serpente" do positivismo jurídico era a ideia de discricionariedade judicial e que autores como Ronald Dworkin lutavam justamente contra ela. Seguiu-se durante a década de 2010, especialmente com a escola hermenêutica de Streck e seus alunos, uma aflita – e, a meu ver, em grande parte inútil – tentativa de estabelecer o sentido "autêntico" dos princípios jurídicos, o sentido respeitador do "DNA" da Constituição. Alexy tinha errado ao confundir a normatividade típica dos princípios com a eleição de preferências típica dos valores – crítica, aliás, originalmente realizada por Habermas. Barroso e outros pós-positivistas caíram no erro. Em verdade, havia uma maneira "ontologicamente adequada" de compreender os princípios – e cabia a Streck e seus alunos a honra de apresentá-la a partir de leituras de Heidegger.

Logo se formou um fenômeno bem curioso. O pós-positivismo brasileiro, na fase da autocrítica, passou a ser integrado por autores

---

[33] Era comum, à época, que se fizesse menção ao famoso adágio do administrativista Celso Antônio Bandeira de Mello: "princípios valem mais do que regras".

que, por um lado, apontavam a suposta disposição de aplicar a lei a todo custo como o problema do positivismo jurídico, e por autores que, por outro lado, apontavam a disposição de *não* aplicar a lei como o real problema do positivismo jurídico.

É dizer: o pós-positivismo brasileiro sujeitou-se a percorrer a defesa de uma tese e, ao mesmo tempo, a negação dessa tese – o caminho que vai do número um ao número menos um. E havia, aí, um genuíno mal-estar interno. A compreensão de Kelsen como um "legalista", como alguém que afirmava a supremacia da Lei e pedia aos juízes que a aplicassem de forma mecânica, tinha efetivamente se espraiado tanto na academia quanto na jurisprudência. Isso incomodou profundamente Streck. Em 2010, ele publicou o ensaio "Aplicar a 'letra da lei' é uma atitude positivista?" e teve o inequívoco mérito de denunciar, até onde sei antes de qualquer outro *pós-positivista* brasileiro, o grau de ignorância ou distorção acoplado a esse raciocínio. Como veremos, Streck continuava a entender equivocadamente que o positivismo jurídico havia sido "superado" pela viragem linguística. E, embora tenha afirmado que sua mira se direcionava aos positivismos "pós-kelsenianos", ainda ali parou sua análise em Kelsen. Mas o que interessa, neste ponto, é a verdade da tese geral sustentada naquele artigo: para desmentir a versão legalista de Kelsen, basta, de fato, abrir o capítulo VIII de seu mais famoso livro, a *Teoria Pura do Direito*. Está ali, para quem ousar ler, um exemplar *não legalista* de positivista.

1.6 Dois tipos de pós-positivismo brasileiro

Neste livro você esbarrará mais de uma vez no alerta de que na Teoria do Direito lidamos com tradições de pensamento dinâmicas, e não com teorias individualizadas e estáticas fomentadas por autores que, dentro de casulos específicos e rígidos, supostamente concordam entre si. Há diversos positivismos. Há diversos jusnaturalismos. Há diversos realismos. E, claro, há diversos pós-positivismos.

Os diversos pós-positivismos ostentam a particularidade de serem qualificados pelo prefixo genérico "pós". É natural que os termos "pós" ou "neo" sejam usados quando, ao mesmo tempo, autores não sabem muito bem onde se encaixam em classificações tradicionais e entendem estar procedendo a alguma síntese inédita na história das ideias. Como vimos, uma das qualidades centrais autoatribuídas por autores do pós-positivismo brasileiro é a inovação ("nova hermenêutica", "novos tempos", "novo Constitucionalismo"). Por isso, não surpreende que Barroso, em seus escritos antigos, tenha considerado o termo pós-positivismo uma "designação provisória e genérica de um ideário difuso".

O problema é que, passados cerca de 25 anos desde a fase inicial do pós-positivismo brasileiro, nenhuma nomenclatura mais precisa ou elegante foi cogitada. Até hoje falamos do *pós*-positivismo brasileiro e de seu primo próximo, o *neo*constitucionalismo. Streck, em particular, tentou se distanciar do vínculo com o neoconstitucionalismo e passou a chamar sua teoria de Constitucionalismo Contemporâneo – um nome igualmente ruim. Há nisso algum grau de crise de identidade, sobretudo quando consideramos a dimensão das divergências internas e do fogo amigo pós-positivista, anteriormente apontado. Aquilo que era para ser provisório consolidou-se. E aquilo que recomendava distinções e particularizações persiste difuso, demasiadamente difuso.

A crise de identidade do pós-positivismo brasileiro torna ainda mais complicada a proposição de categorias classificativas. De tão abrangente o ideário, de tão contrastantes as teses filosóficas subjacentes, de tão sincrética a combinação de autores jurídicos estrangeiros, de tão conflitantes as soluções normativas que propõem para casos práticos, podemos apenas proceder a análises indutivas menos ambiciosas, avançando com cuidado, quando se trata de teses compartilhadas, a uma ou outra generalização possível.

Desde meus estudos iniciais sobre a tradição pós-positivista brasileira, apontei que o vigor das filosofias de base, a tenacidade com que projetavam suas convicções, o fogo amigo que vieram a protagonizar e a ampla aceitação e reprodução acadêmica e jurisprudencial de suas teses justificava que Luís Roberto Barroso e Lenio Streck fossem considerados os dois autores mais destacados, importantes e influentes do movimento nacional. Continuo firme nessa convicção. Por isso, cabe aprofundar, nos limites do propósito deste trabalho, o pensamento de ambos os autores. Também por isso registro, desde logo, que as críticas realizadas na parte final deste livro são dirigidas em especial às versões pós-positivistas de ambos os autores, o que não impede que respinguem nos demais pós-positivistas nacionais.

Iniciemos analisando algumas semelhanças históricas entre o pós-positivismo de Barroso e o pós-positivismo de Streck. Olhando para trás, para o nascedouro pós-positivista nacional, é fácil perceber que tanto Luís Roberto Barroso como Lenio Streck apostaram conjuntamente, cada qual a seu modo, em uma modalidade de totalitarismo constitucional baseado em interpretações moralmente construtivas realizadas por juízes. Ambos acharam uma boa ideia importar conceitos estrangeiros, elaborados por autores como Ronald Dworkin, para encorajar juízes a realizar uma fusão entre Direito Constitucional e filosofia moral abstrata, sustentada por "princípios". Ambos viram a Constituição de 1988 como uma peça jurídica capaz de proceder a transformações morais, sociais e econômicas cada vez mais abrangentes, mediante "sensível deslocamento" (a expressão é de Streck) das decisões políticas ao Poder Judiciário. Ambos pressupuseram que inúmeras decisões políticas e morais seriam mais bem decididas por elites judiciárias em edifícios de mármore, pretensamente portadoras de aptidão epistemológica mais acurada ou, ao menos, de sensibilidade jurídica diferenciada quanto à correta efetivação de direitos fundamentais. Ambos cantaram, de forma imprudente, vitória sobre o positivismo jurídico, ora ignorando seus principais autores contemporâneos, ora distorcendo a teoria. Com isso, ambos deixaram, por décadas, de proceder ao estudo responsável de ideias imprescindíveis para a democracia, como autoridade, planejamento compartilhado, desacordos morais razoáveis, razões de segunda ordem, circunstâncias da política, circunstâncias da juridicidade, gerenciamento institucional de confiança etc. Enfim. Ambos os autores, desde finais da década de 1990, no alvorecer dos alegados "novos tempos" hermenêuticos, na histeria coletivo-narcísica do "novo Constitucionalismo", da hiperconstitucionalização de todos os ramos do Direito, do politicismo integral transportado do jurídico para o social, propuseram uma concepção idílica, romantizada, otimista e idealística de Constituição e, ao mesmo tempo, uma concepção idílica, romantizada, otimista e idealística de Poder Judiciário.

Nas duas últimas décadas houve, por parte de Barroso e Streck, novas propostas, mudanças de opinião e novos compromissos teóricos. A dinâmica da produção intelectual dos dois autores conduziu a uma nítida cisão interna no pós-positivismo brasileiro. Muitas das semelhanças anteriormente apontadas foram dissolvendo-se com o decorrer dos anos.

Entendamos.

Barroso é um autor com fabulosos paradoxos teóricos e práticos – se considerada sua atuação como ministro do Supremo Tribunal Federal. Após propor originalmente um receituário pós-positivista idílico baseado em fórmulas vagas e manipuláveis como "reaproximação do Direito com a Ética", veio a escrever belas linhas sobre as limitações da interpretação judicial, sobre a necessidade de deferência a decisões técnicas do Poder Executivo e sobre a necessidade de respeito, como regra geral, a escolhas político-morais realizadas pelo Poder Legislativo. Mas, ao mesmo tempo, sustentou que existem ativismos judiciais "bons" e "ruins" e teorizou de forma insistente, em diversos escritos e palestras, a chamada "função iluminista" do Supremo Tribunal Federal – sem eufemismos, a mais perigosa tese já criada pelo pós-positivismo brasileiro.

O quadro[34] a seguir resume como Barroso enxerga as funções das Cortes Supremas – e, em particular, do Supremo Tribunal Federal:

Papéis de Cortes Supremas segundo Luís Roberto Barroso		
Contramajoritário	**Representativo**	**Iluminista**
Prerrogativa de declararem a invalidade de leis e atos normativos editados por representantes eleitos pelo povo (Legislativo e Executivo). Embora parte da doutrina fale em "dificuldade contramajoritária", tal função se legitima como forma de proteção de direitos fundamentais e das regras do jogo democrático. Ex.: (a) vedação ao financiamento eleitoral por empresas; (b) descriminalização do porte de maconha para consumo pessoal (julgamento não finalizado até o fechamento desta edição).	Prerrogativa de agirem para atender demandas sociais não satisfeitas tempestivamente pelo Poder Legislativo ou para suprir situações de omissão inconstitucional. Ex.: (a) vedação ao nepotismo, à luz da moralidade administrativa e impessoalidade; (b) perda do mandato eletivo nas eleições proporcionais por infidelidade partidária, à luz do princípio democrático; (c) aplicação aos servidores públicos, por analogia, da lei que regula a greve no setor privado.	Prerrogativa de promoverem avanços civilizatórios e empurrarem a história, com o propósito de proteger direitos fundamentais e superar preconceitos. Tal atuação deve ocorrer em situações excepcionais, com parcimônia e com base em valores racionais. Ex.: (a) *Brown v. Board of Education* nos EUA; (b) equiparação das uniões estáveis homoafetivas às uniões estáveis heteroafetivas; (c) alteração do nome de pessoa trans sem necessidade de cirurgia de transgenitalização ou autorização judicial.

Cabe registrar, ainda, que Barroso, em tempos mais recentes, veio a abandonar parcialmente a retórica de principiologia abstrata

---

[34] Quadro elaborado originalmente para alunos e disponibilizado em 2020 na internet. Revisado e adaptado para este livro.

de outrora. Aproximou-se do empiricismo pragmatista e colocou, por vezes, "fatos" antes de "normas", a ponto de poder ser considerado, em determinadas decisões que já proferiu, um exemplar nacional de pragmatista jurídico quase intuicionista *a la* Richard Posner.[35]

Streck, por sua vez, já ao fim da década de 2000 e início de 2010, percebeu que o caminho até então trilhado pelo pós-positivismo brasileiro estava conduzindo a arbitrariedades cada vez mais flagrantes por parte de juízes. Criou teses críticas como o "pamprincipiologismo" e, em texto publicado em 2012, intitulado "Contra o neoconstitucionalismo", atacou autores nacionais que, segundo ele, não teriam compreendido o "verdadeiro" sentido "antidiscricionário" do pós-positivismo. No ponto, sustentou a tese da "autonomia do Direito" em face de externalidades predatórias, como a Moral e a Economia. Lembrou-os de que a proposta original de Ronald Dworkin era a de combater a discricionariedade positivista, a de lutar contra interpretações "frouxas", a de colocar as interpretações judiciais dentro das práticas comunitárias, e não a de ampliar poderes interpretativos de juízes. A partir de 2015 interessou-se pelo positivismo jurídico contemporâneo – que confessou ter ignorado por muito tempo – e sugeriu, em texto de 2016, uma "aliança estratégica" contra o ativismo judicial, a ser celebrada entre o pós-positivismo por ele defendido e o positivismo jurídico defendido, dentre outros, por mim. Enamorou-se, até certa medida, com Jeremy Waldron, um dos heróis do positivismo ético-normativo e, em certos pontos, adversário teórico de Ronald Dworkin, e intensificou, nesse sentido, as críticas do protagonismo do Poder Judiciário. Com isso, afastou-se parcialmente, ao menos em termo de ênfase e perspectiva, de suas sugestões iniciais, de fins da década de 1990, de que o "Estado Democrático de Direito", contra o "neoliberalismo pós-moderno" (*sic*), é a era apropriada para o "sensível deslocamento" de questões políticas, morais e econômicas para o Poder Judiciário. Elaborou, ainda, teses mais ou menos formalistas, como "as únicas seis hipóteses em que o magistrado pode deixar de aplicar a lei". Mas, ao fim e ao cabo, paradoxalmente

---

[35] Sobre os pontos de afinidade entre o pós-positivismo de Barroso e pragmatismo de Posner, falei em meu livro *Pragmatismo no Direito*, de 2018.

jamais abandonou as premissas filosóficas, por vezes confusas, que convocam juízes a ler Heidegger, a inebriarem-se com o vocabulário dos "princípios" proposto por Ronald Dworkin, a se enxergarem como o "Fórum de Princípios" da comunidade etc.

Mas, no caso do pós-positivismo brasileiro, as adaptações históricas e conceituais, além de por vezes terem procedido a novos sincretismos teóricos indevidos, a novas confusões e, ouso dizer, a novo receituário retórico a serviço da habilidade retórica de juízes treinados e predispostos a atuações ambiciosas, não superaram as teses de base, as fundações, as premissas que tornam todo o edifício, toda a construção, toda a estrutura fadada à ruína e ao fracasso.

Um argumento basilar, neste livro, é o de que, uma vez demonstradas as falhas do modo de pensar e do modo de produção da teoria do Direito, uma vez descortinado o narcisismo teórico, a autoimagem inflada, a alegada superioridade epistêmica, o otimismo ingênuo, a abstração incontornável, a desídia histórica por conceitos importantes, a negligência com a correta divisão de papéis institucionais, enfim, a inconsistência brutal entre meio proposto (encorajamento de raciocínios judiciais construtivos por princípios abstratos) e fim almejado (racionalidade decisória, deferência judicial, autocontenção judicial como regra), nenhuma tábua conceitual ou empírica é capaz de salvar o pós-positivismo brasileiro de uma derrota implacável. Há, no *output*, teses relevantes e importantes para o desenvolvimento institucional de uma democracia, como a crítica ao pamprincipiologismo de Streck e as pontuais exortações de deferência judicial de Barroso. Mas tais *outputs* são acidentais, alcançados como resultado de *non sequiturs* recorrentes entre premissas e conclusões, misturados com autoidolatrias incompreensíveis, colhidos por caminhos sinuosos após erros e mais erros nos conceitos de base utilizados. Derivam de um *input* teórico confuso, equivocado e descartável.

1.7 A fase da aliança estratégica (ou: a descoberta do positivismo contemporâneo)

O ano era 2013 e reputei uma boa ideia entregar a Lenio Streck cópia impressa de artigo (ou de esboço, não me recordo) que eu havia escrito. Ele não me conhecia e era um dos palestrantes em evento realizado em Brasília sobre os 25 anos da Constituição Brasileira. Havia grande fila para autógrafos e esperei pacientemente. Chegada minha vez, com alguma cara de pau, apresentei o artigo e conversei com Lenio. Ele foi muito receptivo e educado e parou brevemente a fluidez da fila para dar uma espiada no texto. Dias depois enviou-me um e-mail aparentando – aqui, faço uso de eufemismo – incômodo com minhas críticas, embora eu o tivesse mencionado apenas *en passant* no corpo do texto e em nota de rodapé.[36]

Até então Lenio jamais tinha citado em suas obras autores do positivismo jurídico anglo-americano contemporâneo, como Joseph Raz, Scott Shapiro, Andrei Marmor, Wil Waluchow, Jules Coleman etc. Tampouco me recordo de tê-lo visto, até aquele momento, demonstrar conhecimento sobre a obra de positivistas éticos como Jeremy Waldron e Tom Campbell. Seguindo a boa tradição do pós-positivismo brasileiro, suas análises sobre o positivismo costumavam parar em Kelsen ou Bobbio, com considerações críticas de autores neoconstitucionalistas estrangeiros.

Algo me diz – e aqui assumo o risco da imodéstia – que meu artigo e, depois, a primeira edição de meu livro *Democracia e respeito à lei*, de 2015, tiveram alguma influência nos interesses acadêmicos de Lenio Streck e, por respingo, de seus alunos. Nos anos que se seguiram, por volta de 2015 a 2017,[37] após o estranhamento inicial, conversei com ele via e-mail sobre teoria do Direito e

---

[36] O argumento geral do meu artigo intitulado "Discricionariedade judicial e teoria do Direito" era o de que existe um vínculo lógico entre as teses defendidas pelo positivismo jurídico anglo-americano (em especial a tese dos "limites do Direito" defendida por Joseph Raz) e a ideia de discricionariedade judicial. Se o Direito é um sistema limitado, se o Direito não tem respostas para absolutamente todos os casos concretos que aparecem, se o Direito pode, porventura, "esgotar-se", então parece evidente que o Direito ao menos por vezes necessitará do auxílio de outros sistemas normativos. O Direito abre-se a tais sistemas normativos, como a Moral, e permite que magistrados valham-se de argumentos morais para decidirem da melhor forma possível o caso concreto. Mas, ao contrário do que se defendia no Brasil, afirmei que tal discricionariedade suscitada pelo positivismo está longe de ser "ilimitada" e não se confunde com algum tipo de paixão acadêmica pelo arbítrio. Em suma – dizia eu no artigo –, à luz do positivismo, juízes não apenas podem, como em verdade sempre estão sujeitos – em especial nos chamados "casos difíceis" – a realizar interpretações baseadas em princípios de moralidade. Mas, mesmo quando o fazem, estão restringidos por práticas institucionais pretéritas.

[37] Em 2014 Lenio publicou o artigo "Mitos sobre o positivismo jurídico: uma leitura para além do senso comum teórico", em que cessa a análise em Kelsen e em um texto de Hart.

mencionei outros professores que estavam estudando o positivismo contemporâneo. Pouco tempo depois os nomes supracitados (Raz, etc.) começaram a aparecer nos textos publicados por Lenio.[38]

Seria impreciso dizer que, anteriormente a 2016, houve qualquer tipo de debate – produtivo ou não – entre pós-positivistas brasileiros e positivistas. Em rigor, desde o surgimento do pós-positivismo brasileiro o que aconteceu na academia brasileira, com raras exceções, foi um canto obstinado de superioridade intelectual e moral por parte dos pós-positivistas, dando como simplesmente superado o positivismo jurídico. Isso marginalizou inúmeras obras contemporâneas de importantes positivistas, as quais por décadas deixaram de ser traduzidas para o português, enquanto todo e qualquer balbucio monossilábico de Ronald Dworkin e Robert Alexy conquistava uma versão portuguesa quase automática. Como consequência, estudantes de graduação dos anos 2000 e 2010 passaram toda a faculdade ouvindo impropérios sobre uma teoria que, apesar de desconhecida ou distorcida, era alvo fácil de ataques de quem, com descargas de dopamina, se enxergava como integrante do clube virtuoso do "novo Constitucionalismo".

Mas o fato é que, em 2016, após se deparar com algumas críticas à sua teoria, inclusive realizadas por mim em 2015 na primeira edição do livro *Democracia e respeito à lei*, Streck demonstrou crescente interesse pelo tipo específico de positivismo jurídico ora abordado – o positivismo jurídico anglo-americano contemporâneo. Mais do que isso: contra o ativismo judicial, o autor propôs uma "aliança estratégica" entre o pós-positivismo hermenêutico e o tipo de positivismo jurídico por mim defendido. O marco dessa virada copernicana no pensamento de Streck pode ser estabelecido objetivamente na data da publicação do texto "Hermenêutica e positivismo contra o estado de exceção interpretativo", em 25/02/2016, na coluna semanal que o autor possui na revista *Consultor*

---

[38] Dimitri Dimoulis havia denunciado já em 2006, sete anos antes de meu artigo, em seu excelente livro *Positivismo jurídico: introdução a uma teoria do Direito e defesa do pragmatismo político-jurídico*, que pós-positivistas brasileiros, como o próprio Lenio Streck, estavam simplesmente ignorando cerca de, naquele momento, trinta anos de produção acadêmica sobre o positivismo jurídico. O porquê de Lenio e demais pós-positivistas, já em 2006, não terem levado essa crítica a sério me soa como um mistério.

Jurídico.³⁹ Nele, Streck, expressamente, reconhece que "o positivismo [jurídico] exclusivo" – especialmente na "versão de [Joseph] Raz e [Scott] Shapiro, defendido no Brasil por autores como Bruno Torrano e André Coelho" – pode "contribuir sobremodo para uma crítica eficaz [...] ao ativismo que se espalha cada dia mais no país".⁴⁰

Em razão dessa modificação de pensamento, propus, na segunda edição do livro *Democracia e respeito à lei*, de 2019, que fossem enxergados dois momentos distintos no pensamento de Streck: o pré-aliança (Streck antigo) e o pós-aliança (Streck novo). Defendi, na oportunidade, que a aliança entre positivismo jurídico e pós-positivismo hermenêutico podia ser considerada um tipo específico de acordo incompletamente teorizado, nos termos ensinados por Cass Sunstein no texto *"Incompletely Theorized Agreements in Constitutional Law"*. Conforme argumentei, um dos principais benefícios sociais do acordo incompletamente teorizado entre positivismo e pós-positivismo residiria nisto: o uso construtivo do silêncio, a fim de não se deixar levar, sempre, por questões teóricas demasiadamente abstratas, focando o que interessa do ponto de vista prático e cultural.

Olhando em retrospectiva, todas essas conclusões parecem-me, agora, precipitadas. Possivelmente, derivaram do êxtase intelectual que tive ao perceber que um dos principais adeptos do pós-positivismo brasileiro estava finalmente admitindo alguns erros e propondo novas descrições. Fato é, todavia, que pouco ou nada se retira de científica ou socialmente interessante da proposta streckiana de aliança estratégica. Nos anos que se seguiram, Streck persistiu com a postura que denunciei ainda em 2015, de plastificar as páginas de seus autores prediletos, em especial Heidegger, Gadamer e Dworkin, para acusar outros juristas de "não fazerem filosofia".

A crítica hermenêutica de Lenio Streck tem grande valor e deve, sim, por óbvio, ser estudada por alunos do curso de Direito. No entanto, é imprescindível que se tenha em mente o *porquê* desse grande valor. Certamente, não é pelo fato de os livros da crítica

---

[39] Disponível em: http://www.conjur.com.br/2016-fev-25/senso-incomum-hermeneutica-positivismo-estado-excecao-interpretativo.

[40] Lenio veio a tratar do positivismo anglo americano em outros textos, dentre os quais destaco o livro *Dicionário de hermenêutica*.

hermenêutica serem um bom exemplo acadêmico. Poucas coisas são tão dispensáveis ao debate universitário quanto a insistência de Streck em fechar-se em seus filósofos prediletos e, com eles, tentar, a um só tempo, explicar holisticamente todo o fenômeno jurídico e prescrever, como crítico cultural, qual o "DNA" jurídico correto em todo e qualquer caso concreto. Enfim, poucas coisas são tão dispensáveis ao debate universitário quanto a acusação feita rotineiramente por Streck a seus adversários intelectuais de não estarem comprometidos com construções "sofisticadas" ou filosoficamente maturadas sobre o que é o Direito.

Stanley Fish, no livro *Doing What Comes Naturally*, afirmou que, quando percebemos que Dworkin era um retórico do Direito, e não um teórico, muito do que ele diz torna-se interessante. Acredito que mesma lógica se aplica a Streck. Seus livros são fabulosos manuais de retórica – como, aliás, boa parte dos livros do pós-positivismo brasileiro o são. Suas colunas semanais em revista eletrônica de grande circulação são fabulosos manuais de como ser um agente de política cultural e angariar seguidores para pavimentar movimentos estratégicos abrangentes no âmbito da alteração de leis e de entendimentos jurisprudenciais.

Passado o êxtase inicial,[41] parecem persistir em inteireza todas as críticas que direcionei ao pós-positivismo hermenêutico no livro *Democracia e respeito à lei*. Na filosofia geral, a teoria de Lenio Streck conduz a um tipo de dogmatismo fundamentalista; na filosofia da história, parte de uma concepção evolucionista das posições filosóficas, com afirmação da "superação" de teorias alegadamente "ultrapassadas"; na filosofia do direito, procede à distorção de teses do positivismo jurídico, especialmente as anglo-americanas; na lógica, recai em *non sequitur* ao estabelecer uma relação de inferência entre uma proposta meramente descritiva (positivismo jurídico) e uma suscitada "aposta" política ou teórica na discricionariedade judicial como meio adequado de decisão de casos concretos; na teoria da normativa da decisão, propõe-se a combater o ativismo judicial com base em pressupostos filosóficos de autores que, como Ronald

---

[41] O ápice desse êxtase, ao que parece, ocorreu em 2018, quando escrevi algumas páginas veneradoras à Crítica Hermenêutica no livro *Pragmatismo no Direito*.

Dworkin, privilegiam o "estilo intelectual" (para usar expressão de Stephen Guest) de argumentações abstratas baseadas na fusão entre Direito Constitucional e filosofia moral; na postura acadêmica e científica, não raro imputa "falta de sofisticação" àqueles que se propõem a abordar o direito a partir de outras perspectivas metodológicas.

Em rigor, um pós-positivismo assim concebido não pode sequer ser considerado uma teoria rival do positivismo jurídico.

1.8 A fase identitária

Pela análise de 2015 até o período de publicação deste livro, consigo observar uma nova fase do pós-positivismo nacional. Com cada vez mais frequência autores nacionais têm mesclado o receituário teórico pós-positivista tradicional (filtragem constitucional, mandados de otimização, integridade, leitura moral, Constituição principiológica, ponderação, Constitucionalismo Dirigente etc.) com conceitos advindos de alas radicais do movimento pós-moderno –[42] infinitamente mais radicais do que o enamoro de Luís Roberto Barroso com o relativismo pós-moderno na fase da euforia.

Como consequência, debates sobre as funções do Direito, sobre políticas públicas e sobre interpretação judicial têm passado a enfatizar variáveis como a cor da pele ou o gênero da pessoa envolvida, e não a qualidade objetiva do argumento exarado. Cito, como exemplos, a crescente institucionalização jurídica de expressões como "racismo estrutural", "lugar de fala", "interseccionalidade", "racismo recreativo", "injustiça epistêmica", dentre tantos outros.

Como todo velho e bom "ismo", o pós-modernismo apresenta tantas variações terminológicas, tantas disputas internas, tantas

---

[42] Seria arbitrário afirmar que se trata, já, de visão dominante nos órgãos estatais e Tribunais, mas há robustos exemplos de emprego do vocabulário alinhado ao identitarismo progressista, dentre os quais cito, por amostragem, no STF: ADO 26, MI 4733, ADPF 635; no STJ: RHC 158.580/BA, REsp 2037491/SP; nos Tribunais Estaduais e Tribunais do Trabalho existem centenas de exemplos, dos quais cito: APL: 00503084720198190203 (TJRJ), APL: 00503084720198190203 (TJRJ), AC 0006197-31.2017.8.19.0208, Procedimento do Juizado Especial Cível 1003699-03.2018.8.26.0082 (TJSP); no CNJ, *vide*, v.g. o Pacto Nacional do Judiciário pela Equidade Racial e a Portaria 108/2020, atos fundados na premissa inquestionada do racismo estrutural.

teses aparentemente contraditórias entre si, que seria presunçoso tentar captar um sentido mais ou menos unívoco da expressão. Há, todavia, alguns potenciais consensos: costuma-se apontar a obra *The Postmodern Condition*, de Jean-François Lyotard, datada de 1979, como a primeira a usar a expressão pós-modernismo; filósofos precursores do movimento pós-moderno seriam Marx, Kierkegaard e Nietzsche; há certas teses que se encaixam como vigas gerais de pós-modernismo, como a ideia de "diferença" em Deleuze, de "desconstrução" em Derrida, de "hiper-realidade" em Baudrillard. Mas perceba a dificuldade: pensadores comumente qualificados como pós-modernos (e muitos deles rejeitam explicitamente o adjetivo) não raro ostentam radical diferença de postura perante os feitos filosóficos e/ou políticos da modernidade. Foucault é conhecido pela sua posição cética quanto às premissas da modernidade. Vatimo, Perniola e Rorty, ao contrário, reconhecem os méritos e conquistas da modernidade e não têm, em rigor, pretensões de abandonar o projeto moderno.

Helen Pluckrose e James Lindsay, em famoso livro sobre o tema (*Cynical Theories*), argumentaram que, em geral, poderá ser considerado pós-moderno um autor que defenda estes dois princípios:

Princípios da pós-modernidade (segundo Pluckrose e Lindsay)	
Princípio epistemológico	Princípio político
Ceticismo radical sobre a acessibilidade de verdades objetivas.	O poder é a força orientadora e estruturante da sociedade.

Diante das divergências, parece mais efetivo, para os fins limitados deste trabalho, sistematizar algumas premissas de que parte a maioria dos defensores daquilo que se convencionou chamar de pós-modernismo. A linha filosófica de base, em progressão lógica, costuma ser a seguinte:

1. A linguagem humana, caso bem entendida, inviabiliza qualquer pretensão ao alcance de conhecimentos "objetivos", se à palavra for atribuído o sentido de conhecimentos independentes das nossas práticas intersubjetivas;
2. A linguagem e o conhecimento intersubjetivo por ela construído estruturam e estabilizam certos vocabulários

e práticas, e tais vocabulários e práticas são os critérios para decidir o que conta ou não conta como conhecimento verdadeiro e o que pode ou não ser dito e feito em termos de moralidade;

3. Os vocabulários e práticas só se estabilizam porque contam com a adesão, em um inconsciente social, da maior parte da comunidade. Por conseguinte, exprimem a posição hegemônica e dominante da sociedade;
4. Os vocabulários e as posições hegemônicas estruturadas não são instâncias neutras, e sim produtos da dinâmica real do poder organizada tanto intencionalmente quanto não intencionalmente por meio da reprodução em automático do "senso comum";
5. Assim estabilizados, os vocabulários estruturam sistemas invisíveis e autoperpetuantes de privilégios em favor de grupos hegemônicos e de opressões contra grupos minoritários, retroalimentando estigmas e preconceitos a cada nova prática social.

Com base nessas teses, a muitos pós-modernistas pareceu evidente que qualquer tentativa significativa de reverter opressões de grupos sobre outros grupos devesse iniciar-se pela desconstrução do vocabulário hegemônico e pelo direcionamento dos esforços por inclusão e cidadania à questão da identidade e da pertença sociais (naquilo que no Brasil se costuma chamar de identitarismo).[43]

---

[43] Este não é um livro sobre identitarismo e, portanto, não analisarei as inúmeras nuances e polêmicas envolvendo o emprego do termo. Para a presente finalidade, bastam as seguintes considerações. Há quem critique o emprego do termo por ter-se tornado, segundo se argumenta, mera retórica agressiva nas mãos de reacionarismos difusos. Essa primeira crítica é insustentável. Se o mau uso ideológico de expressões linguísticas em debates políticos reais fosse suficiente para rejeitar tais expressões no debate acadêmico, possivelmente a ciência política não mais deveria existir. Uma segunda linha de críticos insurge-se apenas contra o emprego descuidado, com inclusão de autores que não são ou não se consideram identitários. Essa é uma crítica mais plausível, por suscitar a obediência a regras analíticas, mas também é problemática, pois as partes divergentes podem estar a definir o termo com critérios distintos. Quem afirma que Angela Davis não é uma feminista identitária por não pressupor universalizações ou essencialismos conceituais está certo se assumir cortes epistemológicos teórico-abstratos como critérios preponderantes (ou exclusivos) de avaliação. Mas se o termo identitarismo for deslocado para designar o campo de processos reais de lutas políticas relativas à instituição de "políticas identitárias" e a um novo modelo de sociedade, dificilmente se poderia cogitar a exclusão de Angela Davis do âmbito referencial do termo, seja por toda sua história nas décadas de 1960 a 1980 (com premente influência no nascimento mesmo da expressão "políticas identitárias"), seja por sua recente celebração

O objetivo declarado era, e continua a ser, o de revelar e combater as engrenagens do poder atuantes nos bastidores das práticas consolidadas e dos padrões linguísticos inerentes a tradições políticas e morais desenvolvidas por séculos, desde a moralidade judaico-cristã até a ciência moderna e o sistema capitalista.

Em suma: o pós-modernismo identitário caracteriza-se por afirmar, em superlativo, que a linguagem humana é uma formidável ferramenta de transmissão de poder. Tal transmissão pode ocorrer tanto de modo intencional quanto não intencional: estar situado em um vocabulário significa levar adiante, queira-se ou não, todos os seus trejeitos éticos, todos os seus cacoetes estéticos. Esses princípios conduziram muitos autores a promoverem releituras em conceitos e palavras como racismo, homofobia, machismo e tantas mais. Em vez de, como em sentido ordinário, servirem primordialmente como métrica para reprovar determinadas condutas individuais patológicas, tais termos passaram a cativar dimensão social e ordinária, vinculada a práticas comuns da sociedade, de modo a atuar "por padrão" nas comunicações normais entre pessoas em posição hegemônicas e pessoas em grupos minoritários.

Os conceitos identitários produziram mais uma frente de ataque ao formalismo jurídico – tanto descritivo quanto normativo.[44] Mas veja: há um detalhe, com o qual concordo parcialmente,[45] que não passou despercebido por Pluckrose e Lindsay. Pelos anos 1960 e 1970 do século passado, a decantação pós-modernista não pretendia, em rigor, substituir insinuações (ou "microagressões") escondidas nos vocabulários por alguma modalidade absoluta de verdade.

---

e adesão ao movimento woke norte-americano. O critério empírico-histórico parece mais adequado para tratar do assunto, sobretudo se considerarmos que a premissa fundante de toda construção de autoras como Angela Davis é a de que a teoria e a universidade são inseparáveis da prática política subversiva.

[44] Talvez Adilson Moreira, em seu livro *Pensando como um negro*, seja quem mais ostensivamente tratou disso, ao sugerir que o formalismo jurídico é um modo essencialmente "branco" de entender o Direito, e que, portanto, a luta antirracista deveria aproximar-se do fenômeno jurídico por caminhos alternativos.

[45] Concordo parcialmente porque a leitura das "duas fases" pós-modernas – a relativista-pessimista, e a de otimista religião política – pressupõe enfocar apenas em um nicho específico de influências filosóficas, deixando inexplicados autores identitários atuais que porventura tenham sido influenciados desde sempre pelo objetivismo radical, por exemplo, de Herbert Marcuse, autor que ostensivamente sustentou o uso de algumas formas de violência por parte de grupos minoritários, bem como que a liberdade de expressão da direita deve ser restringida (por todos, seu texto *Repressive Tolerance*).

O empreendimento intelectual era predominantemente "negativo" e "relativista", no sentido de colocar em prática um tipo peculiar de pessimismo generalizado quanto às promessas incumpridas da modernidade, com o propósito específico de apontar hegemonias, denunciar hipocrisias e promover amplas críticas sociais e morais ao modo de ser capitalista e moderno.

Apenas mais tarde, pela década de 1990, o pós-modernismo sofreu um radical *paradigm shift*: onde se viam espíritos céticos sobre a capacidade de real transformação social, onde se elevavam vozes resolutas diante das ambições políticas modernas, passou-se a observar, com rápida ascensão e estabilização, movimentos substantivos com autoconfiança demasiada, com certezas inabaláveis, com projetos abrangentes e impreteríveis de reconfiguração social. Do ceticismo epistemológico, do relativismo moral, a nova leva de autores pós-modernos e seus simpatizantes orgulharam-se de ostentar firmeza inquebrantável nas credenciais "tolerantes", "inclusivas" e "democráticas" de suas próprias propostas – contrastadas *ad nauseam* com os deméritos "intolerantes", "opressivos" e "autoritários/fascistas" de quem quer que discordasse.

O senso irrecorrível de superioridade intelectual, a crença entrincheirada de monopólio da virtude moral, o apelo erístico a conceitos com onipresença explicativa, a insensibilidade agressiva contra opiniões divergentes, a apropriação de termos "democracia", "antirracismo" e "tolerância", os truculentos movimentos diários de cancelamento do dissonante e a aniquilação do contraditório são fatores já documentados, analisados e criticados por pensadores nacionais. Wilson Gomes, professor negro[46] da UFBA, após restabelecer a verdade de que é possível ser antirracista sem adotar as premissas e militâncias identitárias, consignou que quem adota o padrão identitário "de vitimização, de vocalização do ressentimento, de defesa

---

[46] Faço menção à raça por dois principais motivos: primeiro, porque para os identitários, lamentavelmente, as qualidades pessoais fenotípicas ou de gênero detêm peso quase absoluto no "debate" sobre assuntos de interesse público; e, segundo, porque o identitarismo tem imensa dificuldade em lidar com o fato de que existem inúmeras pessoas com essas exatas qualidades pessoais (mulheres negras como Geisiane Freitas e Patrícia Silva, por exemplo) que discordam de virtualmente tudo o que o círculo específico de professores identitários propõem, não os enxergando, por conseguinte, como a voz legítima do povo negro, do povo homossexual etc.

do seu monopólio da virtude, (...) e de guerrilha permanente"[47] em verdade está a sobrecarregar a luta por direitos de minorias, quando não a desviar-se de tal objetivo. Geisiane Freitas e Patrícia Silva, sociólogas negras da UFRPE e da UFRJ, no livro introdutório *O que não te contaram sobre o movimento antirracista*, após afirmarem que Silvio Almeida incorreu na falha acadêmica de não apresentar qualquer conceito de estrutura e acusarem de circularidade a teoria do racismo estrutural, atestam que "o adjetivo estrutural é comumente aplicado por indivíduos que, por motivos diversos, não se debruçaram nos estudos de determinados assuntos, mas desejam fazer parecer que os compreendem".[48]

É nesse pé que se encontra o debate brasileiro. Não é *rocket science* perceber que o esquema conceitual e o *modus operandi* do identitarismo progressista resultam em risco real e imediato de aniquilação de conceitos e direitos da democracia moderna, como as bases mesmas da ética do discurso jurídico, a liberdade de expressão, a tolerância, a presunção de inocência e o direito de defesa e contraditório. E pior: tudo isso embalsamado pela fina camada do alegado monopólio na defesa de grupos oprimidos.

No Brasil, há exemplos bem documentados de ações identitárias dirigidas à autocensura e ao amordaçamento de opiniões divergentes, mas os efeitos não alcançam o grau observado em países já submetidos, em maior medida, à revolução cultural identitária, como os EUA. Ali, a difusão do modo de pensar e agir identitário já tem produzido ostensivas e cada vez menos controláveis práticas de segregações e beligerâncias entre grupos. Os exemplos abundam nos sites de notícias, mas me limito apenas àqueles explorados pelo cientista político Yascha Mounk no livro *The Identity Trap*: salas de aulas divididas por raças em escolas públicas (*Mary Lin Elementary School*, em Atlanta, *Evanston Township High School*, em Chicago, *Bank Street School for Children*, em

---

[47] Cf. o artigo "Não existe ódio do bem na complacência progressista e nos abusos identitários". Disponível em: https://www1.folha.uol.com.br/colunas/wilson-gomes/2023/10/nao-existe-odio-do-bem-na-complacencia-progressista-e-nos-abusos-identitarios.shtml. Aliás: sobre o tema, recomendo a leitura de todos os artigos de Wilson Gomes, sejam os acadêmicos em livros como *A crise da política identitária*, organizado pelo antropólogo Antonio Risério, sejam os publicados na *Folha de São Paulo* ou na *Revista Cult*.

[48] FREITAS, Geisiane; SILVA, Patricia. *O que não te contaram sobre o movimento antirracista*. São Paulo: Faro Editorial, 2023. p. 34.

Nova York); medicamentos escassos – incluído Paxlovid, destinado à contenção da covid-19 – prescritos com base em critérios raciais, e não como providência para salvar o maior número possível de vidas; pagamento de benefícios estatais a título de renda mínima a residentes de São Francisco, desde que se identifiquem como transsexuais.

Mounk atribui o novo cenário, em boa medida, à transformação dos compromissos centrais de muitos autointitulados progressistas. A separação de negros e brancos em escolas públicas lembra, e muito, o cenário americano anterior a *Brown v. Board of Education*. É algo que soaria como retrocesso para qualquer adepto da esquerda tradicional, moderna, aderente a direitos universalistas e à ampliação dos círculos de lealdade para além das diferenças de cor, de gênero, de orientação sexual etc. Do ponto de vista da redescrição identitária, tais práticas são encorajadas em nome – veja-se bem – da inclusão, da igualdade e da tolerância. Sim. Há algo de errado nisso. Esta, no entanto, não é a oportunidade adequada para realizar o necessário empreendimento de contra-ataque, pois demandaria análise aprofundada das premissas filosóficas, dos movimentos táticos e dos efeitos correspondentes. O pós-positivismo identitário é fenômeno ainda recente e certamente será objeto de estudo futuro.[49]

---

[49] Um dos pós-positivistas nacionais que, nos últimos anos, mais tem se aproximado da luta identitária pela via do Poder Judiciário é Paulo Iotti. Trata-se de autor que, historicamente, aceitou diversas premissas do pós-positivismo nacional e, em tempos mais recentes, protagonizou, no campo prático, decisões favoráveis a grupos LGBT no Supremo Tribunal Federal, mediante ajuizamentos de ações de controle abstrato-concentrado de constitucionalidade. Não considero que Paulo Iotti seja, em geral, um dos autores protagonistas da história do pós-positivismo nacional nas décadas de 2000 e 2010. Mas é interessante perceber que, ao menos nos últimos anos, os escritos de Paulo assumiram primazia na prática constitucional brasileira, precisamente por sua forte atuação em casos de repercussão perante o STF. Na segunda edição de sua obra *Constituição Dirigente e concretização judicial das imposições constitucionais ao Legislativo*, Paulo adere às premissas jurídico-conceituais e ao "aspecto pragmático/estratégico" (*sic*) da tese da Constituição Dirigente de Canotilho, mas, ao analisar as fases do pensamento do autor português, critica-o por não ir longe o suficiente. Segundo Paulo, Canotilho ostenta "visão limitada acerca da potencialidade concretizadora da jurisdição constitucional (relativamente às imposições constitucionais não cumpridas)" (*Op. cit.*, p. 166). Ele, por exemplo, chama de "decepcionante" a conclusão de "Canotilho 1" de que casos flagrantes de não cumprimento da Constituição por falta de regulamentação legislativa adequada autorizam os tribunais a declararem um silêncio legislativo como inconstitucional, mas não a alargarem a competência da jurisdição constitucional com substituição do legislador pelo juiz. Segundo Iotti, fazendo coro ao que já havia defendido Streck, é necessário pensar uma teoria da Constituição Dirigente adequada a países de modernidade tardia, e, contra " compreensão vetusta e anacrônica do Direito" (*sic*) que não levaria a sério a "força normativa dos princípios", isso estaria a significar que genuínas omissões inconstitucionais

1.9 Conclusões parciais

1.9.1 Pós-positivismo e neoconstitucionalismo

Até aqui, usei sem maior rigor as expressões pós-positivismo[50] e neoconstitucionalismo. Afirmei serem primos próximos. Se todos

---

devem ser substantivamente solucionadas pelo Poder Judiciário – em particular pelo STF –, pois "não se pode seriamente dizer que a mera declaração de mora inconstitucional seria, sequer, uma 'sanção' ao Parlamento ou ao Executivo" (*Op. cit.*, p. 164). Não há absolutamente nada de inovador nessa posição se olharmos para o que historicamente o pós-positivismo nacional produziu, mas a particularidade que torna a doutrina de Iotti interessante é o fato de se tratar de autor que, recentemente, misturou o receituário da tese "fortalecida", por assim dizer, da Constituição Dirigente com as reivindicações pós-modernistas de grupos identitários. É a essa mistura que faço menção neste tópico ao tratar de um "pós-positivismo identitário", e é essa mistura que, no momento, estou a estudar e refletir, com base no contexto geral (americano e europeu) do pós-modernismo e de movimentos extremados (pense-se em Marcuse e sua aluna Angela Davis) da esquerda política mundial, os quais, direta ou indiretamente, impactaram pensadores hoje destacados no Brasil, como Djamila Ribeiro, Adilson Moreira e Silvio Almeida.

[50] Ainda no âmbito terminológico, indago: por que uns autores usam a expressão "pós-positivismo" e outros preferem "não positivismo" (ou antipositivismo)? Há algumas considerações, aqui. No estrangeiro, a expressão "pós-positivismo" não costuma ser tão utilizada quanto no Brasil. Com efeito, quando utilizada, geralmente o é na Europa continental. Com efeito, na Inglaterra e nos EUA usualmente se prefere a expressão não positivismo, ora a expressão antipositivismo. Todavia, ao menos dois autores famosos, um da Europa continental, outro da Escócia, utilizam a expressão pós-positivismo: Friedrich Müller e Neil MacCormick. Müller elaborou interessante obra no tópico de hermenêutica constitucional. Para fins deste trabalho, cabe registrar apenas que o autor utiliza o termo pós-positivismo para designar uma metodologia interpretativa que não estava presente na obra de positivistas como Hans Kelsen. Müller denomina sua construção de Teoria Estruturante do Direito. Referida teoria ocupa-se do momento da aplicação do Direito – algo que, seguindo sua premissa científico-descritiva, Kelsen afirmou não ser possível fazer dentro dos limites da teoria pura do Direito. Todavia, Müller não rechaça a tese da validade jurídica proposta pelo positivismo. É como se o autor dissesse: a tese da validade do positivismo jurídico faz sentido, mas precisamos de algo mais. Precisamos de algo depois da teoria da validade jurídica, algo que se preocupe com critérios para a aplicação do Direito. Precisamos de um pós-positivismo. Por sua vez, o pós-positivismo de MacCormick nasceu na última fase de produção intelectual do autor. Nela, o autor rendeu-se a parte da obra de Ronald Dworkin e incorporou à sua concepção de Direito a teoria dos princípios. Voltou suas atenções à questão da argumentação jurídica a partir de considerações sobre a natureza interpretativa do Direito, sem presunções sobre existência de critérios capazes de tornar inequívoca a aplicação do Direito. Entendeu o Direito como uma "ordem normativa institucional", isto é, um conjunto de padrões normativos, baseados em fatos institucionais, que têm a aspiração de estabelecer organização e disciplina. Nessa acepção, ao contrário da versão proposta por Müller, o prefixo pós, da expressão pós-positivismo, liga-se ao alegado equívoco da metodologia do positivismo jurídico. Desde logo, fica evidente que o sufixo "pós" pode adquirir ao menos dois significados na expressão pós-positivismo. Müller pretende uma teoria adjunta à tese da validade do positivismo, algo que faça jus à complexidade da aplicação do Direito. MacCormick, em sua última fase, questiona a própria viabilidade teórica do

em um ambiente de conversa estiverem se entendendo quando falam tais termos sem maiores rigores, ótimo. Não há problemas. Mas, como optei por, neste livro, falar especificamente do assunto, parece-me adequado apontar o que distingue um termo de outro.[51]

Não sou, claro, o primeiro a suscitar eventuais distinções. Já é clássica, por exemplo, a tese de Barroso de que o pós-positivismo constitui o "marco filosófico" do neoconstitucionalismo. Esse dizer implica diferentes identidades. Mas, quando se trata de analisá-las e discerni-las, logo aparecem controvérsias, a iniciar pela própria afirmação de Barroso. Se levada a sério a ideia de que o positivismo descritivo contemporâneo não procede, *dentro* da Teoria do Direito, a valorações morais em defesa de desenhos institucionais concretos, então nada impediria, em princípio, que um positivista, *fora* da Teoria do Direito, defendesse estruturas normativas e o modo de pensar a aplicação do Direito típicos do neoconstitucionalismo. Somente se aceitarmos toda a argumentação de base do pós-positivismo poderemos chegar à conclusão de que a referida teoria é, por excelência, o marco filosófico do neoconstitucionalismo.

No Brasil, há quem sustente que o pós-positivismo é uma Teoria Geral do Direito. Isso não está, em princípio, equivocado.

---

positivismo. "Pós" para Müller significa complementariedade. "Pós" para MacCormick significa insucesso da teoria positivista. Um tipo, digamos, de "superação" – mas sem a carga emotiva e retórica que pós-positivistas brasileiros atribuem ao termo. Mas e o tal do "não positivismo"? Como o leitor possivelmente já sabe, aqui em nossas terras brasileiras não se trata de termo massivamente difundido. A não ser estudantes e professores que se interessam pelo debate anglo-americano de teoria do Direito, pela minha experiência no magistério percebo ser comum encontrar em alunos já iniciados no "pós-positivismo brasileiro" certa estranheza no uso do termo "não positivismo". Sobretudo quando todos os debatedores estão se entendendo como deveriam, talvez não faça sentido esmiuçar tal querela terminológica. O problema, como veremos à frente, é que, no Brasil, a falta de familiaridade com o termo "não positivismo" por vezes resulta do completo desconhecimento dos debates anglo-americanos contemporâneos, acompanhado da crença inabalável em distorções propagadas especificamente pelo pós-positivismo brasileiro. Considerando que o objeto deste livro é uma crítica à tradição brasileira sobre o assunto, mantive até aqui e continuarei a usar a expressão "pós-positivismo" de forma mais ou menos genérica. Mas o amor à distinção analítica recomenda que o leitor tenha sempre em mente que há diferenças metodológicas e argumentativas notáveis entre o "não positivismo" defendido no debate anglo-americano e o "pós-positivismo" (ou mesmo neoconstitucionalismo) defendido na Europa continental. Por fim, registro que, após a descoberta do positivismo contemporâneo, Streck já teve oportunidade de mencionar que prefere, para sua teoria, o termo não positivismo.

[51] A despeito das distinções a seguir apontadas, este livro poderia, sem maiores problemas, chamar-se *Crítica ao neoconstitucionalismo brasileiro*.

Na obra *Natural Law and Natural Rights*, John Finnis, um jusnaturalista contemporâneo, afirma – e com ele concordo – que a admissão de critérios moralmente avaliativos na teoria do Direito não afeta, em sentido relevante, a ideia de que é possível fazer uma Teoria "Geral" do Direito. Afeta, apenas, se o projeto de realizar tal Teoria "Geral" estiver ligado à equivocada e empobrecedora metodologia kelseniana (que não é a mesma de Raz e Hart) de tentar encontrar um "denominador comum" entre sistemas jurídicos de comunidades radicalmente diferentes entre si.

Mas, realizada sem maiores explicações, a afirmação de que o pós-positivismo é uma Teoria Geral do Direito possivelmente deixaria de fora do pós-positivismo um de seus principais representantes segundo o entendimento nacional: Ronald Dworkin. Com efeito, Dworkin registrou que a sua teoria *não* é geral, e sim radicalmente local: objetiva explicar e justificar as práticas jurídicas norte-americanas.

De minha parte, prefiro estabelecer a distinção a partir da natureza metodológica do debate:[52]

Pós-positivismo	Neoconstitucionalismo
Debate abstrato, conceitual e metodológico: análise do que "é" o Direito e das correspondentes implicações do fato de o Direito ser como ele "é".[53]	**Natureza dúplice:** 1) Movimento político, social e jurídico que ganhou força na década de 1990. 2) Debate dogmático com fins práticos: aplicação de certas ideias teóricas à avaliação de instituições e à prescrição de como o Direito "deve ser" interpretado em casos concretos.

Entendamos. A disputa entre positivismo e pós-positivismo ocorre no nível conceitual. Trata-se de uma oposição sobre como entender a natureza do Direito e as implicações dessa natureza. Isso equivale a afirmar, de modo resumido, que positivistas são autores que acreditam na tese da separação ou separabilidade *conceitual*

---

[52] A título de exemplo: o positivismo afirma que, para saber o que o Direito "é", basta verificar alguns fatos sociais, como a existência de um costume, a promulgação de uma lei ou a edição de um precedente judicial (tese do fato social). O pós-positivismo diverge. Ronald Dworkin afirma que o Direito, em verdade, é um "conceito interpretativo", e que falar apenas em "fatos sociais" é equivocado, pois existem certos princípios morais que são Direito em razão de seus méritos. Robert Alexy, por sua vez, afirma que o Direito tem natureza dual: existe a dimensão fática apontada pelo positivismo, mas não se pode esquecer da dimensão ideal.

entre Direito e Moral, enquanto pós-positivistas são autores que acreditam ora na tese da conexão conceitual necessária entre Direito e Moral (v.g. Ronald Dworkin em *Levando os direitos a sério* e *O império do direito* e Robert Alexy na obra *Conceito e validez do Direito*), ora na tese de que o Direito, na verdade, é um ramo da própria moralidade (v.g. Ronald Dworkin em *Justiça para ouriços*).

Nessa perspectiva, o debate sobre positivismo e pós-positivismo, nesses moldes, tem ocorrido desde a década de 1960, em especial no contexto anglo-americano. Ao seu turno, embora tenha sido mencionado em obras mais antigas de Pablo Verdú e Louis Favoreu, costuma-se apontar que o termo "neoconstitucionalismo" foi popularizado em 1997 pela jurista italiana Susanna Pozzolo, no XVIII *Congreso Mundial de Filosofia Jurídica y Social*. No Brasil, os intensos debates jurídicos acerca da(s) teoria(s) ocorreram, sobretudo, após a publicação, em 2003, da coletânea de artigos *Neoconstitucionalismo(s)*, pelo jurista mexicano Miguel Carbonell. Trata-se, por conseguinte, de uma expressão utilizada inicialmente por autores da Europa continental, e muito depois do início do debate anglo-americano sobre positivismo e não positivismo. Há, por conseguinte, por parte de juristas neoconstitucionalistas, uma análise retrospectiva acerca de determinados autores que, em contextos por vezes bastante diferentes (EUA, Inglaterra e Europa continental), defenderam desde a década de 1960 teses consideradas "parecidas" sobre o Constitucionalismo e a interpretação judicial.

Há qualidades das mais diversas – e das mais incoerentes entre si – que podem ser atribuídas às teorias que se autodenominam ou são consideradas como neoconstitucionalistas. Mas, a despeito do caleidoscópio semântico da expressão, costuma-se apontar como "marco histórico" do neoconstitucionalismo o período da reconstitucionalização da Europa, logo após a Segunda Guerra Mundial, em especial a Constituição da Itália (1947) – com subsequente criação da Corte Constitucional (1956); a Constituição da Alemanha (1949 – Lei Fundamental de Bonn) – com subsequente criação do Tribunal Constitucional Federal, em 1951; a Constituição de Portugal (1976), a Constituição da Espanha (1978) e a Constituição do Brasil (1988).

Ademais, a imprecisão semântica do termo nunca impediu que a doutrina registrasse algumas teses centrais do neoconstitucionalismo. Susanna Pozzolo, a jurista que "inventou" a expressão neoconstitucionalismo, sustenta, por exemplo, que, na base do movimento, está a *tese da especificidade da interpretação constitucional*, defendida, segundo ela, por juristas como Ronald Dworkin, Robert Alexy, Gustav Zagrebelsky e, em parte, Carlos Nino.

No texto *"Neoconstitucionalismo y especificidad de la interpretación"*, Pozzolo afirma que essa tese geral se sustenta nas seguintes premissas, elaboradas conceitualmente pela doutrina do pós-positivismo:

1) O sistema jurídico não se compõe apenas de regras, mas também de princípios.
2) Princípios não são aplicados por subsunção, e sim por ponderação, seguindo os seguintes passos: (a) os princípios aplicáveis são selecionados – sempre mais de um, em relação de antinomia parcial; (b) os princípios selecionados são sopesados, de modo a prevalecer o de maior peso; (c) constrói-se uma hierarquia axiológica no caso concreto (e não em abstrato), de modo a garantir que o princípio perdedor deste caso possa ser o vencedor de caso futuro.
3) Deve haver uma "penetração geral" das normas substantivas da Constituição, de modo a reduzir a independência do legislador.
4) A interpretação judicial deve ser criativa, de modo a levar em consideração as exigências substanciais de justiça presentes no texto constitucional.

Essas teses, com acréscimos e adaptações, são amplamente aceitas pelos pós-positivistas e neoconstitucionalistas brasileiros. Conduzem a uma consequência conhecida na academia brasileira desde o início da década de 2000: o fenômeno da Constitucionalização do Direito, por vezes chamada por nomes como "invasão da Constituição" (Eduardo Ribeiro Moreira) ou "ubiquidade constitucional" (Daniel Sarmento). Segundo esse fenômeno, todo e qualquer caso jurídico, por sofrer o efeito irradiante dos princípios constitucionais, por estar sujeito à "penetração geral" das normas substantivas da Constituição, deve ser considerado um caso constitucional. Leia-se, de forma mais rigorosa: todo caso jurídico pode, em tese, ser submetido, pelo juiz, a um raciocínio construtivo baseado nos princípios constitucionais.

Quando no Brasil alguém se autoatribui o título de neoconstitucionalista, não o faz pensando em restringir-se a contemplações conceituais e metodológicas sobre o Direito e a Teoria do Direito. Por aqui, nunca foi assim. Aquele que se denomina neoconstitucionalista, em regra cuja exceção não me aparece agora à mente, demonstra em ato contínuo o compromisso com certos valores morais e certas convicções políticas sobre qual o melhor desenho institucional para a realidade brasileira e como devem agir os juízes dentro dessa estrutura institucional desejada. É isto que entendo por dupla natureza do neoconstitucionalismo: um projeto político-jurídico concreto de transformação da sociedade reproduzido no ambiente acadêmico em debates dogmáticos com fins práticos.[53]

1.9.2 O positivismo jurídico não é o verdadeiro inimigo do pós-positivismo brasileiro

Para muitos dos pós-positivistas brasileiros a suscitada "superação" do positivismo sempre esteve atrelada à tese de que o raciocínio positivista não consegue dar conta da complexidade axiológica das constituições contemporâneas – sobretudo as constituições analíticas, como a nossa. Em particular, desde a década de 1990, com debates sobre a efetividade do Mandado de Injunção e da Ação de Inconstitucionalidade por Omissão, sobre a amplitude da intervenção do Poder Judiciário em políticas públicas e sobre a força normativa dos direitos prestacionais, os autores neoconstitucionalistas sustentaram que apenas um "novo paradigma" – o paradigma por eles defendido – detinha aptidão para concretizar, cima-baixo, mediante planejamento econômico centralizado sabatinado pela argumentação moral de juízes, os direitos emancipatórios previstos na Constituição da República.

Lembremos: nesse período, a alegada alergia do pós-positivismo brasileiro às teses do positivismo jurídico adveio de brutais distorções, para não dizer de angustiante desconhecimento, das teses ali contemporâneas da tradição de pensamento atacada. Pós-positivistas menos informados, em estado psicológico de transe diante das boas novas, rejeitaram o positivismo ora sob o fundamento de que se trata de teoria que celebra o adágio "juiz boca da lei" – o que a eles parecia indevido elogio à manutenção do *status quo* –, ora sob

---

[53] Por se tratar de autor multicitado no Brasil, interessante consignar que Ferrajoli, nos anos 2000, preferiu utilizar a distinção entre constitucionalismo argumentativo, que objetiva à superação do positivismo jurídico, e constitucionalismo garantista, que objetiva na complementação ou na correção do positivismo jurídico. A distinção deriva do fato de Ferrajoli criticar a ambiguidade do termo neoconstitucionalismo.

o argumento de que se tratava de teoria historicamente superada pelos absurdos éticos do nazismo.

Mas perceba: mesmo nas piores hipóteses de desvirtuamento, o positivismo jurídico só foi objeto de crítica por parte dos pós-positivistas nacionais em razão de, segundo se alegava, estar irremediavelmente ligado a "doutrinas tradicionais" e ao atraso moral do "senso comum teórico".

Luís Roberto Barroso e Lenio Streck, protagonistas dos dois pós-positivismos brasileiros analisados neste estudo, no decorrer do tempo partiram para lados opostos em muitos debates e teses. Streck falou em tradição, mas desde um ponto de vista peculiar, baseado no hermetismo próprio das misturas filosóficas pouco plausíveis que reputou necessário realizar, entre Heidegger, Gadamer, Dworkin e autores críticos do "neoliberalismo". Embora tenha defendido por vezes interpretações jurídicas consideradas conservadoras por seus pares pós-positivistas – como, no despertar da década de 2010, a inviabilidade constitucional de reconhecimento de uniões estáveis homoafetivas –, sempre demonstrou ostensiva fé na tese do dirigismo estatal e, em certas ocasiões, defendeu que qualquer medida legislativa que contrariasse tal dirigismo, como na redução de direitos trabalhistas, deveria ser considerada inconstitucional *tout court*. Barroso, embora se tenha aproximado do pragmatismo nos últimos anos, autoatribuiu-se o papel de "iluminista" e jamais abandonou a tese de que uma das funções do STF é a de "empurrar" a sociedade para realidades morais mais sofisticadas.

Nenhum dos dois – e, segundo me ocorre, nenhum neoconstitucionalista ou pós-positivista *a la* brasileira – sinalizou qualquer indício de afastamento de suas concepções políticas originárias ligadas à esquerda política, limitando-se a, porventura, fazer críticas pontuais ao que consideram parcelas de ingenuidade da ideologia a que se filiam. Por exemplo: ambos têm demonstrado, nos últimos anos, desconforto com a evidente inépcia de teorias progressistas em lidar com o problema da criminalidade e da segurança pública, e Streck, em específico, tem-se alinhado contra exageros do novo progressismo identitário. Todavia, embora essas opiniões, no *output*, coincidam com a forma de pensar do conservadorismo, sempre são expressas com implícito acordo de cavalheiros de que autores progressistas estão corretos – e, não raro, pela suposição de que tais autores são intelectual e/ou moralmente superiores.[54]

Não se trata, portanto, de um posicionamento implícito, de uma dedução a partir das entrelinhas. Em todos os textos de fins da década de 1990 e decorrer das décadas de 2000 e 2010 que tive a oportunidade de consultar, nunca me deparei com qualquer pós-positivista brasileiro que tenha tido a "ousadia" de autodeclarar-se conservador ou que, ao menos, tenha enfrentado de forma séria as teses do conservadorismo sobre a socialidade do *self*, relações de lealdade mútuas, obrigações políticas não consentidas, construção e preservação de hierarquias grupais, atribuição de honra às instituições tradicionais, combate efetivo à prevalência do mal e valorização do conceito de nação.

Pela falácia da inovação, o paradigma "tradicional", relacionado, ainda que inconscientemente, apenas à ideia de realismo autoritário, foi e continua a ser tido como "superado" por *default*, como um zumbido irritante que, quando irrompe em algum debate, pode e deve ser menosprezado como algum mero exemplar de delírio opressor ou nostalgia de tempos autoritários. Tendo enroupado desde sempre a carapuça do progressismo político, pós-positivistas nacionais qualificaram a Constituição de 1988 como "dirigente", propuseram "filtragens constitucionais" baseadas nos valores compartilhados especificamente pela nova esquerda e, com perspicácia, fecharam a porta jurídica das contracríticas e das propostas político-legislativa conservadoras com o apelo ao "princípio constitucional da vedação do retrocesso social".

A omissão de meus trabalhos anteriores acerca desse ponto fez-me recorrer, nesta obra, a autores conservadores (como Oakeshott, Sowell, Kekes e Hazony) e a autores da tradição ética aristotélico-tomista (como MacIntyre, Abbà e Finnis) para subsidiar meus contra-ataques ao neoconstitucionalismo brasileiro. Mais do que uma nova rodada de revelação de formas de pensar pouco exploradas nas universidades, o emprego de tais autores advém da

---

[54] Isso não estranha se, como fizemos já na primeira parte deste estudo ao retratar a fase da euforia, sairmos das páginas frias escritas nos livros dos pós-positivistas e compreendermos o então contexto da *New Left* e do Direito Alternativo.

minha convicção de que o retumbante fracasso teórico e o difuso distúrbio prático imputáveis ao pós-positivismo nacional torna oportuno revitalizar modos de pensar do conservadorismo filosófico e da ética da primeira pessoa, com deslocamento do foco para os limites externos a belos sonhos subjetivos, para o valor das tradições institucionais e morais do Ocidente, para realismo no combate à criminalidade, para a responsabilidade individual pelas próprias obras e para a desejabilidade de *prudência* nas reformas sociais.

1.9.3 Excurso: a situação dos precedentes judiciais no Brasil

Permita-me o leitor fazer um parêntesis para deixar bem clara minha posição sobre o que falei no fim do tópico "A colaboração do Poder Legislativo" quanto aos precedentes judiciais. Minha crítica a como se tem operado o debate no Brasil não se direciona à lógica decisória ou à ética dos precedentes. Ao contrário, admiro o respeito e deferência a precedentes presente em outras culturas jurídicas. Onde há efetiva cultura de precedentes em ação certamente há por parte dos operadores jurídicos apurado senso de institucionalidade e adequada noção de divisão de papéis. Minha suspeita com o modo de produção dos precedentes brasileiros assenta-se em três pontos de preocupação:

1. É indefensável o modo cima-baixo e repentino (por via de promulgação de lei em 2015 e sem pretérita maturação cultural abrangente nos ensinos universitários e nas escolas de formação de autoridades) como foi implementado o sistema de precedentes brasileiros (formei-me em 2009 e, em toda faculdade, nem por cinco segundos ouvi falar em "ética dos precedentes", nos termos em que pretende inspirar o CPC/15. Em verdade, quem esteva na faculdade nos anos 2000 foi submetido à radical ideia de justiça substantiva diametralmente oposta à justiça formal típica dos precedentes: os "novos tempos" dos princípios e as vantagens sociais das argumentações morais criativas pela via do Poder Judiciário). O resultado está aí: um sistema de precedentes em que precisamos instituir a autoridade

dos precedentes por via legislativa e depois implorar "pelo amor de Deus" para as instâncias inferiores perceberem as vantagens sistemáticas da vinculação vertical.

2. A lógica brasileira de precedentes não deixa de recair, em alguma medida, no racionalismo vulgar que critico neste livro quanto ao pós-positivismo: a vã esperança na apropriação mental de um "ideal" ("ética dos precedentes"), o delicado transporte de um *abridgement,* para usar expressão de Oakeshott, da experiência de sucesso de outros países que nem de perto ostentam cultura social e jurídica parecida com a nossa, e a consequente tentativa de, pela via da autoridade cima-baixo, "empurrar" a comunidade jurídica para essa nova cultura. Teorias "normativas", para não se transformarem em racionalismo imprudente, necessariamente devem demonstrar alguma medida de adequação aos fatos, e não se abrigar, em modalidade daquilo que John Kekes chamou de justiça de conto de fadas, atrás do escudo retórico de "estou fazendo teoria normativa, o ideal que proponho sem dúvida é bom e a prática que, custe o que custar, se vire para com ele adequar-se".[55]

3. *Last not least*: nosso sistema jurídico resplandece brutal centralismo. O sistema de precedentes brasileiro tem cheiro e atmosfera de nova rodada do nosso radical federalismo centrípeto. Em um país continental, STF e STJ pronunciam-se sobre virtualmente todas as questões sociais da brasilidade, desde briga de vizinhos até ações penais originárias contra políticos. Umas das razões para a resistência de juízes de primeira instância e de Tribunais de Segunda instância à "ética dos precedentes", tal como proposta no Brasil, reside em conflito de interesses de difícil resolução: abordando problemas concretos das suas ruas, dos seus bairros, de seus Municípios, de seus Estados, não concordam com a abstração generalizadora de certos posicionamentos de Brasília. Preferem conceder maior peso às suas independências funcionais, atribuindo a esse conceito

---

[55] Sobre justiça de conto de fadas e papel de teorias, confira o tópico correspondente do capítulo 4.

sentido muito mais amplo do que o desejado pelos precedentalistas brasileiros. Se há algo com que concordo com Luís Roberto Barroso é que tentativas de racionalização das ativações do STF, como o instituto da repercussão geral, falharam. Seria necessário repensar o acesso irrestrito às Cortes de Sobreposição, mas aí esbarramos em outro problema: ministros de Tribunais Superiores não se mostram realmente dispostos a renunciarem ao poder já acumulado e estabilizado de se pronunciarem sobre qualquer assunto. Estão acostumados e satisfeitos em impactar, em asfixiante uniformidade, do Oiapoque ao Chuí. Para piorar: ministros não têm mostrado, na história recente, o grau basilar de senso de institucionalidade e noção de divisão de papéis que, em substância, subjaz qualquer sistema de precedentes que mereça esse nome. Basta ver os inúmeros casos de ministros que, semanas ou meses depois da fixação de uma tese, contrariam, em decisões monocráticas ou liminares, decisões proferidas pelos Colegiados que eles próprios integram, em ofensa à eficácia horizontal dos precedentes (a qual constitui o mínimo do mínimo dos deveres da ética precedentalista, por instituir o *exemplo de conduta* a ser seguido por instâncias inferiores).

Com o perdão pela fuga ao tema, voltemos, agora, ao principal objeto do livro.

O MÍNIMO (DO MÍNIMO) QUE VOCÊ PRECISA SABER PARA NÃO DISTORCER O POSITIVISMO JURÍDICO

Goethe descreveu da seguinte maneira o desconforto que sentiu ao ler a obra *Sistema da natureza*, de d'Holbach: "Mal podíamos acreditar no quão perigoso era esse livro. Pareceu-nos tão cinzento, tão cimério, tão cadavérico, como se diante de um espectro".[56] Guardadas as devidas proporções, eu imagino que pós-positivistas brasileiros desfrutem de sensação parecida quando se sentam para ler livros de Hans Kelsen, Herbert Hart ou Joseph Raz – presumindo que o façam.

Por boa parte dos integrantes do pós-positivismo nacional, o positivismo jurídico é enxergado através de lentes esculpidas substancialmente pelo receio ou predisposição crítica, e não pela genuína curiosidade epistêmica. Desde os primórdios, trata-se da tradição de pensamento colorida como a ameaça que espreita não apenas a lisura e profundidade da Teoria do Direito, como também o adequado funcionamento de regimes democráticos. Algo, enfim, que deve ser superado tanto em termos conceituais, por alegado atraso filosófico, quanto em termos práticos, por alegada legitimação cega de regimes totalitários.

O objeto deste livro não é, em rigor, o positivismo jurídico. Sobre o assunto, já escrevi em outras oportunidades. Aqui, falarei

---

[56] *Apud* FILHO, Evaristo de Moraes. *Goethe e a filosofia*. Rio de Janeiro: Academia Brasileira de Letras, 1999. p. 28.

apenas do mínimo do mínimo – aquele aparato inicial sem o qual é impossível falar responsavelmente sobre o assunto. Comecemos com três afirmações básicas:

I. O positivismo jurídico não é *uma* teoria do Direito, e sim uma *tradição de pensamento*. Dentro dessa tradição, autores que se enquadram na linhagem do positivismo costumam divergir e debater entre si, formando sub-ramos com teses conflitantes, isto é, espécies diferentes de positivismo.
II. Na história da Teoria do Direito, a análise proposta por diversos autores do positivismo jurídico, em relevante medida, deixou de partir de critérios avaliativos (políticos/morais) e passou a enfatizar critérios descritivos (epistemológicos/analíticos).
III. Focado em critérios meramente descritivos (item II), positivistas jurídicos sustentam que a *Teoria* do Direito (ou *Ciência* do Direito, para alguns) deve limitar-se a descrever como o Direito "é" – ou, em termos mais técnicos, limitar-se a descrever a natureza do Direito e eventuais implicações dessa natureza. Isso não significa que positivistas não possam *avaliar* ou *criticar* o Direito posto. Significa, apenas, que essas avaliações e críticas morais, para o positivista, devem ser realizadas *fora* da teoria do Direito (em disciplinas como a filosofia política normativa, como a filosofia moral aplicada ou mediante ação política concreta e contestadora).

Parece muito complexo, mas não é tanto assim. A seguir, explicarei item a item.

2.1 O positivismo jurídico é uma tradição de pensamento, e não "uma" teoria

Há premissa valiosa a qualquer debate produtivo: devemos tentar falar com a maior precisão possível. Quando falamos sobre o positivismo jurídico, devemos especificar sobre *qual* positivismo estamos falando e, se houver raciocínios indutivos, esclarecer o porquê de o positivismo escolhido ser um exemplar que permite algum tipo de generalização. E veja: isso vale para as demais propostas de estudo do Direito. Seria bizarro tentar refutar o jusnaturalismo de John Finnis com argumentos dirigidos contra os diversos jusnaturalismos aderentes à tese da *lex iniusta non est lex*. Seria estranho tentar refutar o pragmatismo de Michael Sullivan com argumentos dirigidos contra o quase intuicionismo de Richard Posner. Seria inadequado atacar a teoria dos princípios de Ronald Dworkin igualando-a com a de Robert Alexy. Por que lógica diferente se aplicaria ao positivismo?

Eis, com efeito, um dos inúmeros erros do pós-positivismo brasileiro: o paralogismo proposicional,[57] o predicamento absoluto de qualidades imputáveis apenas a parte da expressão "positivismo". Com os obcecados cantos de vitória ("o positivismo jurídico foi superado"), pós-positivistas violaram as regras analíticas da distinção e da referência e, ao mesmo tempo, marginalizaram várias teorias positivistas que, bem entendidas em seus esclarecimentos conceituais, seriam de alguma forma interessantes ao autodeclarado propósito pós-positivista de melhorar nossas práticas sociais e jurídicas.

Talvez o exemplo mais destacado desse proceder seja a constante confusão que alguns autores do pós-positivismo brasileiro fazem entre legalismo e positivismo, como se positivistas como Kelsen ou Hart exigissem do juiz uma interpretação "mecânica" da lei. De tão brutal e errada que essa confusão se mostra, sinto-me na prerrogativa de ser mais enfático: aquele que defende que Kelsen é legalista (em sentido análogo a "juiz boca da lei") ou não leu Kelsen, ou não entendeu Kelsen ou age de má-fé. Essa não é uma interpretação possível da obra de Kelsen – ou, acrescento, de outros positivistas como Hart ou Raz –, porque interpretações legítimas ou, ao menos, razoáveis sempre são formuladas dentro de limites linguísticos e lógicos. Quem confunde Kelsen com um legalista simplesmente erra. Erra feio, erra rude. Veremos adiante o porquê.

---

[57] Segundo Aristóteles (Refutações Sofísticas, 169a20), "Paralogismos que dependem de se uma proposição é formulada num sentido restrito ou absolutamente ocorrem porque a afirmação e a negação não são da mesma coisa, pois não parcialmente branco é a negação de parcialmente branco, e não absolutamente branco de absolutamente branco. Se, então, alguém admite que alguma coisa é parcialmente branca, com o intuito de querer dizer que é absolutamente branca, não produz uma refutação, mas somente parece fazê-lo devido à ignorância do que é uma refutação".

2.2 Positivistas passaram apenas a querer descrever como o Direito "é"

Afirmei que, na história, positivistas passaram de bases teóricas morais e políticas (ou, para usar excelente expressão de John Gardner no livro *Law as a Leap of Faith*, de um "inspirado otimismo pelo *valor* do Direito") para bases teóricas epistemológicas e analíticas.

Para sermos fiel ao objeto deste estudo, basta analisar os dois fenômenos históricos legalistas que pós-positivistas brasileiros costumam citar para sustentar, em tipo de raciocínio indutivo, a proposição genérica de que positivistas defendem a aplicação mecânica da lei.[58] Meu contra-argumento é simples: existiu, no século XVII, o legalismo de Hobbes e existiu, no século XVIII, o legalismo do positivismo exegético. Concordamos. Mas tal e qual legalismos nada têm a ver com aquilo que hoje, de forma dominante, se entende por positivismo jurídico.

Iniciemos por Thomas Hobbes. Há polêmica se Hobbes foi jusnaturalista, se foi algo como um antecessor do positivismo jurídico ou se foi, efetivamente, um positivista. Não entrarei nesse mérito. Seja como for, o consenso é este: Hobbes, atormentado pela guerra civil religiosa, defendeu uma forma de legalismo dirigido à garantia da paz, e não da justiça. Como o fez? Olhando, de início, para a nossa natureza humana. Segundo Hobbes, o legalismo se justifica porque, sem adesão a normas elaboradas por uma autoridade forte, nosso egoísmo nos levaria a matar-nos uns aos outros. O estado de natureza era repugnante a Hobbes. Em tal estado vigia um Direito Natural de cunho subjetivista, com cada indivíduo tentando promover, sem limites institucionais, seus valores morais

---

[58] Como costuma acontecer, há divergência quanto à origem do positivismo jurídico. Como se sabe, em sua famosa obra sobre o positivismo jurídico, Bobbio identificou a obra *Tratado de direito natural como filosofia do direito positivo*, escrita pelo alemão Gustav Hugo ao final do século XVIII, como a primeira investida sistematizada a desmistificar teses jusnaturalistas dominantes, pois, segundo o autor italiano, tal obra tratava a história do Direito como uma ciência propriamente dita. Por sua vez, Gerald Postema, em seu texto *Classical Common Law Jurisprudence*, de 2003, dividido em duas partes, registra que a fenomenologia positivista se originou no século XVII no ambiente inglês, como uma reação à teoria clássica do *common law* elaborada por Edward Coke.

pessoais. E que vença o mais forte. O legalismo de Hobbes, por conseguinte, é a culminância do pacto racional de submissão à autoridade posta: "o medo da morte impele o homem a refugiar-se no Estado",[59] como diria Reinhart Koselleck. Só a autoridade é capaz de garantir a subsistência da sociedade. Ao fim e ao cabo, aquilo que a autoridade diz é "moral" porque, no limite, impede que a sociedade se transforme em um clube de sicários ou suicidas.

Falemos, agora, do legalismo francês – o famoso positivismo exegético. O que aconteceu na França de fins do Século XVIII? Pessoas com ideais políticos tenazes praticaram a Revolução Francesa. Essas mesmas pessoas e seus correligionários, com base nesses ideais políticos, com base em juízos morais sobre como a sociedade deveria funcionar dali para frente, quiseram garantir e estabilizar as conquistas da revolução. Uma dessas conquistas baseava-se na ideia de que a Lei incorporava em si a "vontade geral" da nação. A Lei, portanto, constituía uma fonte moral e juridicamente suprema. O problema? Os encarregados de aplicar as leis, os juízes da época, ainda ostentavam privilégios advindos de laços espúrios com o regime anterior, o Absolutismo. Caso fosse garantida a esses juízes a prerrogativa de *interpretar* as leis, possivelmente eles interpretariam de forma incorreta, enviesada, ou mesmo deixariam de aplicá-las em favor de alguma noção pessoal de justiça vinculada a seus interesses e às antigas tradições. Então o que era necessário para estabilizar as conquistas revolucionárias? Proibir que juízes interpretassem a lei. Como o fizeram? Por um lado, com a tese do "juiz boca da Lei". Por outro, com o estímulo a leis cada vez mais detalhistas, que efetivamente dessem conta de toda a realidade e tornassem desnecessárias indevidas criações judiciais do Direito (codicismo).

Veja que, grosso modo, tanto Hobbes quanto o Positivismo Exegético confundiam justiça com legalidade. Ou, em outros termos, não separavam o conceito de Direito do conceito de Moral. A lei era justa pelo simples fato de ser lei. A teoria do Direito não se destinava a descrever o Direito como ele é, e sim a *exaltar* o valor do Direito posto e a convocar juízes e cidadãos a *obedecerem* a esse Direito.

---

[59] KOSELLECK, Reinhart. *Crítica e crise*: uma contribuição à patogênese do mundo burguês. Rio de Janeiro: Contraponto, 1999. p. 464.

Comparemos tudo isso com o que dizem positivistas de Kelsen e Hart para frente: a função da teoria do Direito é descrever o Direito, e não avaliar se o Direito é bom e justo. Isso não significa que essa avaliação sobre a justiça do Direito seja impossível ou indesejável: ao contrário, tanto Kelsen quanto Hart elaboraram atenciosos argumentos em favor da justiça do Direito. Apenas não o fizeram, segundo entendiam, *dentro* da Teoria do Direito. Segundo eles, a teoria do Direito destina-se exclusivamente ao entendimento do que o Direito "é". Juízos morais sobre como o Direito "deveria ser", embora importantes, são objeto de *outros* ramos do conhecimento.

Pense da seguinte maneira: no início da tradição positivista, autores costumavam ou *partir*, como fez Hobbes, da afirmação de que temos determinada natureza (v.g. somos psicologicamente egoístas), ou *partir* de juízos morais e políticos sobre como a sociedade deve ser organizada, para então concluir que o Direito posto devia ser obedecido e aplicado por juízes. Quando menos, autores positivistas atribuíam à própria existência, por si só, do Direito algum tipo de moralidade intrínseca, algum valor social inerente. Com o passar do tempo, a tradição do positivismo jurídico desgrudou-se do cenário *justificatório* do Direito posto e limitou-se, por um critério *epistemológico*, a tentar "conhecer" o Direito de forma descritiva, antes de avaliá-lo ou criticá-lo. Por isso se diz que, via de regra, o positivismo descritivo, conceitual ou metodológico baseia-se na premissa epistemológica da prioridade do conhecimento descritivo.

Mas, mesmo estando de acordo sobre a função meramente descritiva da Teoria do Direito e sobre a viabilidade de demarcação rígida entre ramos do conhecimento, positivistas descritivos costumam divergir entre si sobre qual a melhor *metodologia* para colocar em prática a descrição sobre o que o Direito "é". Autores como Kelsen e Bobbio são parentes próximos de Hart e Raz no projeto de eliminar por completo considerações morais no momento da identificação/descrição do que o Direito é. Mas os primeiros têm metodologia distinta dos últimos. O debate anglo-americano sobre positivismo inclusivo e exclusivo, a seguir explicado, assenta-se em outras premissas de fundo. As teorias de Hart e Raz não compartilham, por exemplo, da premissa kelseniana de que uma teoria geral do Direito tem por objetivo capturar algum tipo de denominador comum entre sistemas jurídicos tão diversos quanto tribos e sociedades contemporâneas hipercomplexas. Ao contrário, Hart e Raz, a partir do ponto de vista interno (e não do ponto de vista de um mero observador desinteressado pelas atitudes subjetivas dos participantes da comunidade), fazem distinções entre "casos centrais" e "casos periféricos" sobre "nossa" compreensão sobre o que o Direito "é" e propõem-se a analisar as características importantes e significantes para o entendimento dos modelos paradigmáticos daquilo que "nós" conhecemos como Direito.

2.3 Positivismo exclusivo e positivismo inclusivo

As críticas clássicas de Ronald Dworkin ao positivismo jurídico, elaboradas em fins da década de 1960 e aperfeiçoadas em meados da década de 1980, geraram amplos debates na teoria do Direito e conduziram a divergências internas entre os positivistas.

Em particular, desafiados com a tese de que o positivismo jurídico não teria condições de explicar adequadamente a existência e o papel dos princípios, positivistas sentiram-se compelidos a tornar mais vigorosos seus fundamentos filosóficos.

Dentre os positivistas, houve quem visse na crítica de Dworkin algum grau de verdade, a ponto de justificar reparos teóricos nos eixos do positivismo jurídico, sem, contudo, abandoná-lo. Esses teóricos ficaram conhecidos como positivistas inclusivos, moderados ou incorporacionistas. Mas houve, igualmente, positivistas que enxergaram a crítica de Dworkin com ceticismo, entendendo que fugia do assunto ou que distorcia uma compreensão adequada do positivismo jurídico. Esses teóricos ficaram conhecidos como positivistas exclusivos, radicais, ou anti-incorporacionistas.[60] As discussões entre essas correntes giram em torno, sobretudo, daquilo que ficou conhecido como "tese da incorporação", mas abrangem,

---

[60] Como já ressaltei em outro estudo, estou convencido de que o debate entre positivismo exclusivo e inclusivo não leva a nenhuma diferença prática em termos de criação, modificação e aplicação do Direito.

também, diversos assuntos correlatos e importantes, como o conceito de autoridade, objetividade, discricionariedade, e a relação entre autoridade e razões excludentes para a ação.

Além disso, os positivistas inclusivos costumam entender que, ao contrário do que defendem os positivistas exclusivos, a preservação da noção de "autoridade do direito" não pressupõe que as razões para a ação estabelecidas por normas jurídicas sejam "razões excludentes", isto é, razões que buscam afastar e substituir razões primárias que não estejam dentro do domínio específico do direito. Positivistas inclusivos costumam admitir a possibilidade de que as razões jurídicas sejam apenas de caráter presuntivo e potencializador do peso de determinadas razões primárias.

Pois bem. O positivismo inclusivo compõe-se por juristas como Philip Soper, David Lyons, Wil Waluchow e o próprio Herbert Hart, os quais admitem, com reservas, a possibilidade de testes morais de validade jurídica. Há grande discussão sobre se esses teóricos podem ser realmente incluídos em uma visão positivista de direito, ou se fazem parte de um grupo de antipositivistas. Dworkin, partícipe do não positivismo, e Raz, partícipe do positivismo jurídico excludente, ainda a ser explicado, convergem ao menos nesse ponto: o positivismo includente é uma distorção inaceitável do positivismo jurídico. Contudo, deve-se anotar que a maior parte da doutrina os classifica como subespécie do positivismo descritivo.

Para tais teóricos, não é uma *necessidade* que o direito incorpore princípios morais; mas, analisando os sistemas jurídicos modernos, *contingencialmente* é isso que acontece. Não se fala, por conseguinte, em tese da separação conceitual entre Direito e Moral, e sim em tese da *separabilidade* entre Direito e Moral. Nesses termos, na obra *The Practice of Principle*, Jules Coleman defende que princípios morais podem ser juridicamente obrigatórios devido ao mérito de seu conteúdo, mas só na hipótese de existir na regra de reconhecimento do sistema uma cláusula que torne isso possível (daí o nome *incorporativismo*). Em *última análise*, por conseguinte, saber o que conta ou não como Direito continua a ser uma questão de saber quais *fatos sociais* são relevantes para a determinação da autoridade jurídica (*tese fraca do fato social*).

Por sua vez, o positivismo exclusivo tem como principais representantes Joseph Raz, Scott Shapiro e Andrei Marmor.

Tais filósofos entendem que, para você identificar o que o Direito é, do ponto de vista descritivo, você nunca necessitará apelar a padrões de moralidade. Claro: eles reconhecem que muitos princípios morais são usados rotineiramente por juízes e outras autoridades na aplicação do Direito. Mas esse *status* de obrigatoriedade é explicado ora como retórica judicial (juízes, por diversos motivos, se sentem compelidos a conferir ares de juridicidade a seus argumentos, mesmo quando não existe norma estritamente jurídica determinando aquela interpretação específica), ora como um dever jurídico de aplicar padrões de moralidade extrajurídicos. O conceito de Moral não é *incorporado* ao Direito pelo simples fato de ser usada em interpretações judiciais, assim como o conceito de Beleza não é incorporado ao Direito quando normas jurídicas paisagísticas determinam a preservação da beleza cênica do meio ambiente (daí o nome *anti-incorporativismo*). Para o positivismo exclusivo, identificar a existência de uma norma jurídica é *sempre*, e não apenas *em última análise*, uma questão de saber se ela possui fonte apropriada na legislação, no precedente judicial ou no costume (*tese forte do fato social*, também conhecida como *tese das fontes*).

2.4 Você pode ser um positivista e, coerentemente, dizer que um sistema jurídico é injusto

A partir do que vimos nos tópicos anteriores, podemos chegar à seguinte conclusão: para o positivismo descritivo, uma coisa é descrever, doa o que doer, o Direito como ele "é". Outra coisa é prescrever como você gostaria que o Direito fosse (o Direito como ele "deveria ser"). Há um Direito real que pode ser conhecido e que produz efeitos concretos – uma vez transitada em julgada uma decisão *injusta*, ela será cumprida. E há um Direito ideal que depende de compromissos morais e prescrições sobre como a sociedade deve ser organizada. Cabe à Teoria do Direito lidar, apenas, com o Direito real, descrevendo suas estruturas, sua lógica de funcionamento e seus conceitos importantes.

Funciona assim: se você, leitor, porventura for dominado pela vontade de fazer estudos *dentro* da Teoria *do Direito*, então se pressupõe que você tenha a fineza de tentar, ao máximo, reprimir as suas paixões políticas e morais mais imediatas, a fim de que tenha condições de descrever o Direito como ele "é". Não importa à Teoria do Direito a posição pessoal que *você* tem sobre o que é justo, e sim a compreensão sobre a natureza, a estrutura e as funções de sistemas normativos que qualificamos como jurídicos. O positivismo descritivo não apenas acredita na possibilidade epistemológica de o Teórico do *Direito* alcançar, mediante esforço mental, algum grau satisfatório de imparcialidade e objetividade, como também lhe exige, do ponto de vista metodológico, tal postura – naquilo que alguns chamam de "regra da indiferença moral". Se você quer fazer genuína Teoria *do Direito*, não cabe a você confundir o conceito de Direito com o conceito de Justiça, nem pressupor que existem relações necessárias entre um e outro. Não cabe, igualmente, emitir desde logo juízos críticos sobre o valor ou desvalor do Direito da sua comunidade. Na base desse pensamento está, por um lado, a ideia de que é importante traçar distinções analíticas entre o Direito e outros sistemas normativos concorrentes (Moralidade, Estética, Etiqueta, Linguística etc.) e, por outro, a máxima de Herbert Hart de que, antes de criticar algo, devemos conhecer esse algo com a maior imparcialidade possível.

Agora vem o pulo do gato, pois nada do que escrevi no parágrafo anterior implica, ou sequer sugere, que positivistas descritivos como Hans Kelsen ou Herbert Hart simplesmente ignoram ou reputam inúteis a elaboração de *críticas morais e políticas* ao Direito posto. Tanto Kelsen e Hart foram ferozes defensores da democracia e da liberdade. Escreveram páginas e mais páginas elogiando sistemas democráticos e criticando posições consideradas moral ou juridicamente indefensáveis. Eles jamais, nem na mais inicial intuição moral, cogitaram ser "legítimo" o Direito posto em regimes totalitários como o nazismo. Coerentes com suas propostas metodológicas, a única coisa que alertavam é o seguinte: análises moralmente valorativas sobre os sistemas jurídicos, ou eventuais críticas morais ao Direito posto, não podem ser realizadas *dentro* da Teoria do Direito, pois seu objeto específico é o conhecimento do Direito como ele é. Críticas, protestos ou ações políticas reais são obviamente importantes, mas são empreendimentos realizados *fora* da Teoria do Direito. Se seu objetivo é o de fazer Teoria do Direito, descreva as propriedades mais importantes do Direito. Se seu objetivo é o de criticar o Direito, chamá-lo de injusto, clamar pela sua não obediência, faça-o com vigor. Mas saiba que você estará no campo da filosofia moral, da filosofia política normativa ou da política ordinária, e não nos estritos limites da Teoria do Direito.

Em suma, é isto: positivistas demarcam com rigor as áreas de conhecimento. Você pode discordar, como inúmeros não positivistas respeitáveis o fazem, que a falha central do positivismo jurídico é tornar a Teoria do Direito demasiadamente modesta ou desinteressante. Você pode, por conseguinte, afirmar que, ao contrário do que positivistas descritivos defendem, é importante e desejável que a Teoria do Direito abranja, dentro de si mesma, certos juízos de valor de natureza moral, sem os quais, porventura, a própria compreensão adequada do fenômeno jurídico terminaria prejudicada. Sem problema: trata-se de um debate metodológico possível (eu mesmo concordo com essa crítica). O que você não pode é ignorar as premissas, as demarcações metodológicas advindas dessas premissas e bradar ao mundo que positivistas descritivos propuseram a legitimação do nazismo – ou, inebriado por algum tipo de imperialismo metodológico, afirmar que, no fim das contas, embora não o quisessem, foi isso que realmente fizeram. Este é um ponto em que a autoimagem e a avaliação externa responsável chegam ao mesmo denominador comum: por um lado, positivistas descritivos autodeclaram não estarem elaborando teorias destinadas a legitimar qualquer coisa; por outro, a análise crítico-comparativa entre o que eles dizem e o que eles realmente estão fazendo é harmônica. Se, porventura, algum agente autoritário mal-informado ou intencionado valeu-se de um ou de outro conceito positivista para tentar eximir-se de monstruosidades morais que cometeu, trata-se de outro debate: nem o positivismo, nem o jusnaturalismo, nem o pragmatismo, nem Nietzsche, nem Platão, nem virtualmente qualquer autor ou teoria está livre de ser instrumentalizada na tentativa de justificar o injustificável.

Com base no que foi exposto nos tópicos anteriores, estas são as principais diferenças entre positivismo jurídico e pós-positivismo:

(continua)

Sobre a função da Teoria do Direito	
Positivismo jurídico	**Pós-positivismo**
A Teoria do Direito deve ser meramente **descritiva**. Ou seja: deve limitar-se a descrever o Direito como ele é e as correspondentes implicações.[62] Isso não significa que a descrição do Direito seja livre de "valorações": o procedimento descritivo envolve valores epistêmicos (adequação com os fatos, clareza, consiliência, simplicidade, consistência lógica, coerência etc.). A descrição do Direito não envolve um tipo específico de valoração: a de natureza moral. Para descrever algo, você não precisa concordar, discordar, endossar ou repelir moralmente esse algo. De todo modo, a avaliação do Direito como ele deveria ser do ponto de vista moral é uma tarefa importante, mas deve ser desempenhada por outros ramos do conhecimento, como a Filosofia Política Normativa.	A Teoria do Direito, embora aborde elementos descritivos, deve também ser **prescritiva**. Isto é: deve estabelecer avaliações sobre como o Direito deveria ser. Essas avaliações podem envolver questões sobre legitimidade do Direito, sobre justiça legislativa e sobre como juízes devem decidir casos difíceis. Por conseguinte, a teoria do Direito não envolve apenas valorações epistêmicas, mas também, em alguma medida, valorações morais.
Sobre a existência de princípios	
Positivismo jurídico	**Pós-Positivismo**
Para saber se determinado princípio moral integra o Direito, não basta argumentar que seu conteúdo é "justo" ou "bom". Para que um princípio moral se transforme em Direito, alguma autoridade jurídica deve reconhecê-lo como juridicamente (e não apenas moralmente) vinculante.[63]	Para saber se determinado princípio moral integra o Direito, por vezes é suficiente argumentar que seu conteúdo é "justo" ou "bom",[64] independentemente de qualquer decisão de autoridade jurídica.
Princípios morais desempenham papel importante na criação, modificação e interpretação do Direito. Legisladores e juízes argumentam o tempo todo fazendo uso de princípios morais, os quais podem eventualmente tornar-se jurídicos se alguma dessas autoridades assim decidir.	Os princípios morais que integram o Direito desempenham papel importante na criação, modificação e interpretação do Direito. Legisladores e juízes têm o dever de levar esses princípios a sério quando criam as leis ou quando decidem uma causa.
Sobre a legitimidade do Direito	
Positivismo jurídico	**Pós-Positivismo**
Por ser uma teoria meramente descritiva, o positivismo jurídico não aponta nenhum sistema jurídico como legítimo ou ilegítimo. A questão da legitimidade é importante, mas exige avaliações morais e, portanto, deve ser realizada por outros ramos do conhecimento.	Por ser ao menos em parte uma teoria prescritiva, o Pós-Positivismo também elabora uma teoria da legitimidade do Direito, apontando certas condições substanciais (v.g. princípios jurídicos e garantia de direitos fundamentais) e procedimentais (v.g. participação popular).

---

[61] Inclusive interpretativas.
[62] Ou, no limite, esse princípio moral deve desenvolver-se em práticas sociais que conduzam a um costume jurídico.
[63] Nem todos os princípios morais são, ao mesmo tempo, princípios jurídicos.

(conclusão)

Sobre interpretação judicial	
Positivismo jurídico	**Pós-Positivismo**
Normas jurídicas costumam abrir margem a mais de uma interpretação juridicamente correta.⁶⁵ Sobretudo em casos difíceis, o juiz tem discricionariedade para escolher qual é a melhor interpretação para o caso concreto. No extremo, podem ocorrer casos em que os juízes não estão limitados por nenhuma norma *jurídica* — mas, mesmo assim, estarão limitados por padrões *extrajurídicos*, como normas morais, exigências do bom senso etc.	Embora normas jurídicas costumem abrir margem a mais de uma interpretação, os princípios, por integrarem o Direito, servem como guias para que o juiz encontre a resposta correta mesmo em casos difíceis. Mesmo em casos difíceis extremos, existem limitações genuinamente *jurídicas* à atividade interpretativa, e não meramente *extrajurídicas*, como propõe o positivismo.
A teoria do direito não tem a função de dizer se juízes têm ou não o dever *moral* de aplicar o Direito. A avaliação deve ser realizada no sistema jurídico específico do juiz.⁶⁶ Do ponto de vista descritivo, o positivismo aponta que, em algumas circunstâncias, mesmo normas válidas presentes em sistemas jurídicos democráticos deixam de ser aplicadas por juízes (tese da derrotabilidade).	Em sistemas jurídicos estruturados sob uma Constituição democrática, preenchidos os critérios de legitimidade, juízes têm o dever jurídico e moral de decidir os casos com base nos princípios constitucionais.

64 65

2.5 Positivismo descritivo e positivismo ético-normativo

Nesta altura, tenho que fazer uma ressalva. Disse, antes, que o positivismo jurídico, de forma dominante, passou a ser enxergado como uma Teoria do Direito modesta, pois pretende apenas descrever como o Direito é. Mas ainda hoje existem autores que se denominam positivistas e, ao mesmo tempo, mediante juízo de valor, defendem que a descrição do Direito não basta. Esses autores, conhecidos como positivistas éticos ou positivistas normativos,⁶⁶ entendem que o

---

⁶⁴ Kelsen fala em "moldura normativa"; Hart, em "textura aberta do direito".

⁶⁵ Por exemplo: no nazismo, poucos seriam capazes de dizer que existia um dever moral de o juiz aplicar normas jurídicas contrárias à vida de judeus, mas em sistemas democráticos pode ser que se chegue à conclusão de que existe, de fato, o dever moral de aplicar o Direito. Repetindo: para o positivismo jurídico descritivo, essa é uma questão de filosofia política ou moral, e não integra as tarefas a serem desempenhadas pela teoria do Direito, pois esta deve ocupar-se apenas da descrição do Direito como ele é.

⁶⁶ Por favor, não confunda o positivismo normativo contemporâneo com o positivismo "normativista" de Kelsen. São coisas diferentes. Kelsen é um positivista "normativista" porque acredita na existência de método específico para a análise científica das normas e sistemas jurídicos, quando comparado aos métodos das ciências naturais e sociais (dualismo metódico). Com tal método específico, Kelsen entende estar apenas descrevendo o reino das normas do Direito, sem o avaliar moralmente e sem entrar no mérito sobre como os juízes devem aplicá-lo no caso concreto. Para Kelsen, essa avaliação foge ao ato científico de conhecimento do Direito posto. Para ele, saber se o Direito deve ser obedecido é uma questão política, e não científica.

respeito judicial pela lei promulgada pelos representantes do povo aumenta nossas chances de desenvolver ambientes democráticos maduros, respeitadores da autonomia moral dos indivíduos e de valores sociais como a tolerância e a pacificação social de conflitos e desacordos morais razoáveis.

Mas mesmo esses autores contemporâneos não podem ser confundidos com o legalismo estrito proposto por Hobbes ou pelo positivismo exegético – e, portanto, não validam críticas genéricas do pós-positivismo nacional sobre a suposta legitimação cega de sistemas jurídicos arbitrários e intolerantes. A condição de possibilidade para o legalismo proposto por autores do positivismo ético ou normativo contemporâneo, como Jeremy Waldron e Tom Campbell, é a seguinte: no contexto observado, devem estar em funcionamento estruturas democráticas permeadas por procedimentos participativos e dinamizadas por eleições periódicas limpas e competitivas. Ausente essas precondições democráticas – digamos, se o objeto analisado for um Estado Totalitário –, positivistas éticos-normativos contemporâneos não advogam qualquer dever de obediência ao Direito posto.[67]

Nesses termos, positivistas ético-normativos contemporâneos, sob a premissa da democracia formal ou procedimentalista, expressam o desejo de avaliar as credenciais democráticas do Direito posto. A dignificação da lei, em detrimento de interpretações ambiciosas de juízes, resulta da avaliação moral das variáveis do contexto, e não de um pedido de obediência cega a qualquer lei pelo mero fato de ser lei ou advir da "vontade geral" do povo.

---

[67] Há quem chame o positivismo normativo referenciado anteriormente de "positivismo democrático".

CAPÍTULO 3

GENEALOGIA DA RETÓRICA PÓS-POSITIVISTA

3.1 Neurose narcísica

Pós-positivistas brasileiros, desde os primórdios,[68] dizem elaborar suas proposições teóricas a partir do ensinamento de autores estrangeiros como Ronald Dworkin, Robert Alexy, Gustav Zagrebelsky, Friedrich Müller, entre tantos outros. Suponhamos que os pós-positivistas nacionais tenham importado de forma correta todos esses autores. Ainda se assim fosse, uma constatação persistiria: as teses do pós-positivismo nacional são desenvolvidas somente depois de estarem cuidadosamente embrulhadas com a fina face do autoespanto narcísico e de serem submetidas ao pedágio da inovação redentora. Com efeito: como já mencionado, o leitor que abrir textos do pós-positivismo brasileiro fatalmente se deparará com expressões como "começo da história", "novos tempos", "nova hermenêutica", "sofisticação", "a ousadia de olhar por sobre as ondas" e "reaproximação com a ética". No pós-positivismo brasileiro, o virtuosismo epistêmico e moral tende à infinitude.

Agora perceba a diferença. Em muitos debates estrangeiros sobre o assunto, a sensação é a de que Stephen Perry está correto quando,

---

[68] É inegável que a neurose narcísica apontada neste tópico diminuiu no decorrer dos últimos vinte anos. O ápice, sem dúvida, ocorreu na fase da euforia, quando se encontram textos catárticos sobre os novos tempos. De todo modo: por um lado, trata-se de uma qualidade essencial para a compreensão do fenômeno do pós-positivismo brasileiro; por outro, trata-se de uma qualidade que ainda hoje pode ser atribuída ao padrão perpetuado pelas convicções internalizadas e estabilizadas dos pós-positivistas nacionais, com considerável destaque ao pós-positivismo de Lenio Streck e alguns de seus alunos, bem como ao recente pós-positivismo identitário.

no texto *Beyond the Distinction between Positivism and Non-Positivism*, de 2009, sugere que as colaborações recíprocas entre positivismo e não positivismo têm tornado cada vez mais difícil delinear linhas demarcatórias fortes entre as teorias. Kristen Rundle, por exemplo, já no início do livro *Forms Liberate*, de 2012, dedicado à análise da teoria não positivista de Lon Fuller, destaca que, no estrangeiro, têm sido cada vez mais constantes as tentativas de construção, e não destruição, de pontes conversacionais entre tradições de pensamento historicamente rivais. Em *Justice in Robes*, de 2006, Dworkin, embora firme na convicção não positivista, martirizou-se por ter provocado "controvérsia desnecessária" em suas primeiras tentativas de definir o positivismo jurídico e acrescentou que "não se extrai nada de grande importância" em "como" o nome positivismo jurídico é usado ou em quais escritores são qualificados como positivistas. John Finnis, um jusnaturalista analítico contemporâneo, em seu livro *Natural Law e Natural Rights* não poupou elogios à metodologia de Hart e Raz quando comparada à de Kelsen. Friedrich Müller aceitou boa parte da teoria das fontes proposta pelo positivismo jurídico, mas criticou a separação entre Ser e Dever e o descaso de autores como Kelsen com o momento da concretização do Direito. Robert Alexy, por fim, em debate com o positivista Eugenio Bulygin, não pestanejou ao enfatizar que a sua teoria está impregnada por conceitos extraídos do positivismo jurídico, embora entenda que o positivismo jurídico reduz indevidamente o Direito a questões fáticas, de modo a ignorar a porção ideal do jurídico.

Em suma, os ataques estrangeiros formulados por Fuller, Dworkin, Finnis, Alexy e Müller contra o positivismo jurídico não foram acompanhados de gritos perplexos de eureca sobre a chegada de "novos tempos". No debate mundial entre não positivistas e positivistas, você não encontrará nenhum paralelo com a unção de sabedoria na qual pós-positivistas nacionais juram ter-se mergulhado. Lá fora, a deferência e respeito mútuos entre os autores aliam-se à compreensão de que eventual erro do positivismo ocorre ou em termos metodológicos,[69] ou por implicar arbitrária redução do campo de estudo específico da Teoria do Direito.

---

[69] Teoria não positivista mais recente do que a que os pós-positivistas nacionais costumam usar é a de Mark Greenberg. Trata-se da chamada Teoria do Impacto Moral do Direito. Nos escritos de Greenberg, você não encontrará as sinalizações de virtude sobre "novos tempos" ou superação do "senso comum teórico" típicas do pós-positivismo nacional. A teoria de

O título deste tópico é neurose narcísica e devo fazer um alerta preliminar. Muito do que será dito neste capítulo 3 poderá parecer estranho e demasiadamente *outsider* pelo leitor menos acostumado com vocabulários alternativos. Mas a acusação, feita neste livro, de que o pós-positivismo brasileiro, em grande medida, constitui-se por intelectuais que invocam para si credenciais intelectivas superiores e toleram apenas grau predeterminado de divergência não ostenta, em rigor, qualquer originalidade. Considerações parecidas já foram realizadas por autores estrangeiros. Posner, por exemplo, além de ter dedicado obra inteira para examinar o mercado de intelectuais (*Public Intellectuals: a Study of Decline*), salientou na obra *The Problematics of Moral and Legal Theory* que a educação superior de fato estimula um atmosférico sentimento de superioridade, e que esse sentimento vem a ser agravado pelo fato de certas classes de intelectuais no fundo saberem que seus trabalhos não são muito valorizados pela sociedade. Análises voltadas especificamente a grupos de professores universitários progressistas também já foram realizadas. Thomas Sowell, por sua vez, nas obras *Intellectuals and Society* e *The Vision of the Anointed*, apontou que progressistas costumam ostentar visões irracionais sobre a capacidade cognitiva humana, sobre as possibilidades sociais de "soluções" (e não "trocas") de problemas e sobre a articulação dessas soluções por meio de princípios abstratos intermediados por intelectuais que, picados por narcisismo, reputam-se intelectual e moralmente "ungidos".

Pois bem. Um primeiro elemento narcísico do pós-positivismo brasileiro é a retórica da novidade. A suposta participação em clã

Greenberg pretende servir como alternativa a "duas visões predominantes": (i) a *Standard Picture*, identificada com aqueles que reduzem o conteúdo do direito à significação linguística de textos legais e permitem os argumentos morais apenas em alguns casos; e (ii) o método interpretativo de Ronald Dworkin. Greenberg, após considerações sobre a diferença entre texto e norma, afirma que a *Moral Impact Theory of Law* pretende dar uma resposta mais complexa à relação entre essas duas categorias do que uma simples avocação à inseparabilidade de ambos ou à necessidade de máxima correspondência possível da norma com o texto. Com relação a Dworkin, Greenberg concorda com a visão de que as relações das práticas sociais com o direito possuem natureza moral. Mas, enquanto o primeiro leva em conta princípios *ex ante* direcionados à justificação de determinada prática, a *Impact Theory* sustenta que a interpretação deve ocorrer pelos princípios *ex post* relativos a consequências e modificações morais promovidas por atos pretéritos de instituições jurídicas. A teoria enfoca impactos morais de fatos pretéritos. Para Greenberg, "o direito é o impacto moral das ações relevantes de instituições jurídicas". E, segundo ele, essa é uma visão que possui a vantagem de explicar como sistemas jurídicos podem criar obrigações morais a despeito da inexistência de uma obrigação moral geral de obediência aos textos promulgados por autoridades constituídas.

predestinado a redimir o velho inebriou diversos autores nacionais de fins de 1990 e início de 2000. Novo isto, novo aquilo. O pós-positivismo nacional não se limitou a ignorar ou a distorcer as teses do positivismo jurídico, como também se autoqualificou como um empreendimento de explosão e reconstrução de tudo o que é "doutrina tradicional" ou "modo tradicional de pensar o Direito".

Mas há alguns problemas. Ao menos da forma como colocada pelo pós-positivismo nacional, talvez "novo" seja termo impreciso para descrever o que aconteceu em terras brasileiras. Os paradigmas teóricos de que, em seus primeiros escritos pós-positivistas, partiram Barroso (teoria crítica e escola pós-moderna) e Streck (viragem linguística e hermenêutica) datavam de 1960 e 1970. O não positivismo estrangeiro e o papo sobre princípios, no debate anglo-americano, datavam das décadas de 1960 a 1980. A prática interpretativa da ponderação havia sido desenvolvida pelo Tribunal Constitucional Alemão desde a década de 1950. A teoria dos direitos fundamentais havia se desenvolvido na Alemanha a partir da jurisprudência constitucional. A ideia de mutação constitucional vinha de antes da década de 1950. A evolução internacional dos Direitos Humanos vinha, ao menos, desde fins da década de 1940.

Ora, aqui parece haver a necessidade de algum reparo. Seria mais preciso registrar que os "novos tempos" estavam soprando especificamente no território brasileiro, dada a ostensiva importação tardia de todos esses conceitos.[70]

Agora perceba: no decorrer das décadas de 2000 e 2010 os dois pós-positivismos destacados nesta obra (Streck e Barroso) ganharam novas formas e ampliaram seu vocabulário. No caso de Streck, chegou-se mesmo a renegar, com radicalidade, o antiformalismo típico da jurisprudência alternativa, com elaboração das seis hipóteses em que o juiz está autorizado a não aplicar a lei e, de 2015

---

[70] Mas também isso seria, a meu ver, uma parcial verdade: como já visto neste estudo, e como será exposto com mais detalhes no tópico "Neoconstitucionalismo como Neomarxismo?", eu ouso sugerir que o pós-positivismo brasileiro, sobretudo na fase da euforia, não passou de uma redescrição, pretensamente mais sofisticada pelo emprego de importações advindas sobretudo dos EUA e Alemanha, de teorias críticas antiformalistas que já habitavam o terreno brasileiro na década de 1980 e início de 1990, como a escola do Direito Alternativo. Quem lê os escritos inaugurais de Barroso e de Streck – aquele com ode às relativizações da pós-modernidade, este com refração violenta do que chamava de "neoliberalismo pós-moderno" – tem a inevitável sensação de, no final das contas, estar absorvendo uma mera redescrição de teorias críticas do Direito.

para frente, com a aproximação com autores do positivismo ético-normativo contemporâneo, como Jeremy Waldron. Barroso, por sua vez, transformou-se, em fins da década de 2010, em um quase pragmatista *a la* Richard Posner. No aspecto econômico, afastou-se das premissas pós-modernas progressistas a que aderiu na fase da euforia, como visto no primeiro capítulo. Mostrou-se, com o tempo, favorável à valorização das empresas e dos empresários, à restrição de direitos trabalhistas e, no âmbito penal, ao combate de excessos garantistas nos processos penais. Todavia, no âmbito da moralidade, em questões sobre aborto e ampliação de direitos homo e transexuais, permaneceu e permanece do lado progressista.

Ou seja: os pós-positivismos de Streck e Barroso evoluíram cada qual a seu modo. Mas a mentalidade de base *nunca* mudou. Streck, faça-se justiça, enamorou-se, por algum tempo, com Jeremy Waldron, autor que obviamente não pode ser considerado conservador *tout court*, mas que realizou uma das defesas mais abrangentes e profundas do formalismo jurídico normativo. Mas, como sói acontecer, o pós-positivismo streckiano, em seu já conhecido liquidificador filosófico, misturou Waldron com as páginas já plastificadas de Heidegger, Gadamer e Dworkin e, novamente, afirmou a verdade superior da hermenêutica streckiana e do seu autointitulado "Constitucionalismo Contemporâneo". Em outros termos: permanece firme na tese de que a única leitura "autêntica" da Constituição de 1988 é a que lhe atribui caráter "dirigente", é dizer, a que lhe atribui uma esperança pétrea no planejamento econômico centralizado e nas realizações paulatinas de direitos sociais via ação direta estatal. Não bastasse, Streck continua a desqualificar qualquer análise de consequências práticas, na linha proposta por Sowell, como predatória à "autonomia do Direito". Barroso, por sua vez, remanesce fiel à tese do "papel iluminista" do Supremo Tribunal Federal, o que dispensa maiores comentários.

A despeito da cooperação direta com o cenário de brutal insegurança jurídica característico do Brasil de hoje, nenhum autor do pós-positivismo nacional parece ter conseguido verificar evidências suficientes que conduzissem a questionamento sério e amplo das premissas utópicas de que partem.[71] Ao contrário, embora tenham

---

[71] Eu não duvidaria que grande parte dos autores pós-positivistas nacionais simplesmente negassem ter tido qualquer participação no atual caos hermenêutico do Direito brasileiro.

na fase da autocrítica debatido entre si sobre os exageros do próprio movimento, tal discussão nunca saiu da zona de conforto de compadres acadêmicos que, em nenhum momento, duvidam da mentalidade comum que os une e do propósito político a que servem.

Seja como for – e este é o ponto –, nada salva o pós-positivismo nacional de sua investida retórica na falácia da inovação: nenhum dos paradigmas teóricos e jurídicos alegadamente importados pelo pós-positivismo brasileiro ousou empregar com tanto zelo e insistência, como fazem os autores nacionais, o sofisma da "novidade" para desqualificar adversários.

3.2 Fundamentalismo dogmático

Comparado ao de Barroso, o pós-positivismo desenvolvido por Lenio Streck detém esta falha adicional: caracteriza-se pela plastificação das páginas de autores predeterminados, como Martin Heidegger, Hans-Georg Gadamer e Ronald Dworkin, a fim de que eventuais contra-ataques não sejam capazes de lhe borrar a escrita. E pior: essa postura não se limita à da discussão teórica sobre uma pretensa superação do positivismo; prossegue, igualmente, nos raciocínios exarados em problemas jurídicos concretos.[72]

No procedimento argumentativo, é comum que Streck tome os argumentos concorrentes como falsos não por destilação daquilo que eles têm, ao fim e ao cabo, de antijurídicos, e sim daquilo que eles, em tese, retratam do ponto de vista filosófico. Antes de refutar Streck, temos

---

Em especial por parte de Streck, a resposta seria, possivelmente, a de que há muito tempo vem lutando contra a discricionariedade aberta pelo positivismo – e, com isso, permaneceria imune o ensimesmamento de rastreio das origens das próprias ideias e da questionável seleção de meios para tentar realizar o propósito declarado de contenção judicial.

[72] E isso, note-se bem, mesmo quando os resultados a que chegam visões filosóficas concorrentes são exatamente os mesmos a que chegariam a hermenêutica filosófica, como se vê na seguinte crítica de Streck a uma juíza que, na visão dele, decidiu corretamente, mas sem os fundamentos filosoficamente adequados: "Embora tenhamos chegado ao mesmo destino, os caminhos foram divergentes – e nessa viagem importa muito o trajeto. Há alguns atalhos que não podem ser admitidos, sob pena de se comprometer a integridade e a coerência do Direito, pois abrem frestas para que, em outros casos, resultados contrários ao Estado de Direito sejam buscados, sob as mesmas circunstâncias. (...) Vê-se, também, que a sentença em várias passagens diz estar aplicando analogia *in bona partem*. Que podemos dizer sobre a propalada figura da analogia em tempos pós-virada linguística e sob o paradigma da Crítica Hermenêutica do Direito? (...)" Disponível em: http://www.conjur.com.br/2013-mar-21/senso-incomum-fontes-direito-rotulos-agua-mineral.

que refutar Heidegger. O "compromisso filosófico" com um "novo paradigma", tão enfatizado por Streck, não passa, em verdade, de artifício erístico para blindar suas conclusões contra críticas filosóficas e jurídicas advindas de visões de mundo alternativas, as quais sempre serão desprezadas não pela qualidade final do argumento, e sim por, em tese, não serem capazes de ilustrar o "fim da história da filosofia".

Para não relegar o argumento à abstração, cito dois exemplos da ora denunciada postura de fundamentalismo dogmático. Trata-se de debates ocorridos, respectivamente, em 2014 e em meados de 2015.

O primeiro: em artigo intitulado "Alexy e os problemas de uma teoria jurídica sem filosofia", Streck e André Karam Trindade levaram o "compromisso filosófico" com a hermenêutica ao extremo e vieram a afirmar que Alexy, um dos maiores juristas dos tempos contemporâneos, "quer" (tem vontade de) fazer teoria do direito sem filosofia. A razão? Ele não teria entendido Gadamer, "desqualificando, com poucas frases, toda a obra do mestre de Tübingen",[73] com o que não teria conseguido abandonar as amarras do neopositivismo lógico e do nível apofântico, ignorando inferências relevantes, como a de que a questão do sentido vem antes da questão do conhecimento. Neste ponto, em específico, creio que, em resposta, Alexandre Travessoni e Júlio Aguiar de Oliveira resumiram de forma lapidar o verdadeiro conteúdo da crítica direcionada, à época, por Streck a Alexy e, acrescento, aos autores positivistas em geral: "Em síntese, falta a Alexy ser Streck". É o que também, aparentemente, falta a Kelsen, Hart, Raz, Coleman, Himma, Dimoulis, Campbell, Leiter, Scalia e a qualquer outro autor que não concorde com suas pesquisas hermenêuticas específicas.

O segundo debate iniciou-se em 05/09/2015. Na data, a revista *Consultor Jurídico* publicou entrevista realizada com o jusfilósofo Manuel Atienza. Não obstante tenha se qualificado expressamente como pós-positivista, Atienza fez duas afirmações contundentes, com

---

[73] O artigo de Streck e Trindade está disponível em: http://www.conjur.com.br/2014-abr-05/diario-classe-alexy-problemas-teoria-juridica-filosofia. Um artigo de apoio parcial aos dois autores, elaborado por Alexandre Morais da Rosa e Rafael Tomaz de Oliveira, pode ser lido em: http://www.conjur.com.br/2014-abr-19/alexy-defensores-filosofia-logica-ornamental. As respostas de Travessoni e Aguiar podem ser lidas em: http://www.osconstitucionalistas.com.br/uma-teoria-do-direito-sem-filosofia-critica-as-objecoes-de-trindade-e-streck-a-teoria-de-alexy e em: http://www.conjur.com.br/2014-abr-26/trindade-streck-defensores-filosofia-logica-ornamental.

as quais concordo em integralidade: (i) "Parece muito estranho que se possa pensar que Heidegger nos dará a chave para a compreensão ou a crítica das súmulas vinculantes" e (ii) "A filosofia do Direito brasileira necessita de menos hermenêutica e mais filosofia analítica".[74] Em texto-resposta, Rafael Tomaz de Oliveira e Streck sustentaram, em síntese, que é "ontologicamente impossível" – seja lá o que isso signifique – pretender ter mais analítica e menos hermenêutica.

Não me interessa, aqui, o mérito da discussão em si entre os autores, e sim trecho do artigo escrito por Atienza ("Teorias da argumentação jurídica e hermenêutica não são incompatíveis") como resposta à intervenção de Oliveira e Streck, que bem resume o fundamentalismo dogmático ora examinado:

> Filosofia analítica e hermenêutica não são conceitos fáceis de definir. Não obstante, me parece que um traço que caracteriza aos jusfilósofos analíticos (o que eu tinha fundamentalmente em mente naquela entrevista) é um afã pela clareza e pela precisão conceitual. E isso é algo que, receio, nem sempre se pode dizer daqueles que se consideram hermeneutas. Esse amistoso debate com os professores Oliveira e Streck é, em minha opinião, um exemplo disso. Espero que não levem a mal, mas tenho dificuldade em ver o que Streck diz sobre as súmulas vinculantes – como quer que se interprete – como uma contribuição para uma discussão produtiva acerca desse importante tema. E a maneira como entenderam minhas afirmações na entrevista me leva a pensar que se pode ser teoricamente muito partidário da hermenêutica, da pré-compreensão etc., mas na prática não estar nada disposto a efetuar o menor esforço (hermenêutico) para entender o outro sem muitas tergiversações. Bom, é certo que este não é um pecado exclusivo dos filósofos hermeneutas. Mas talvez eles sejam os que com maior razão podem ser cobrados a dar o exemplo.[75]

No livro Intellectuals and Society, Thomas Sowell denunciou a insinceridade de autores que, por um lado, celebram a complexidade dos problemas que estão a estudar, mas, por outro, consideram intelectual ou moralmente inferiores pessoas com pontos de vista

---

[74] A entrevista, que foi intitulada "Discussão sobre neoconstitucionalismo é um acúmulo de equívocos", está disponível em: http://www.conjur.com.br/2015-set-05/entrevista-manuel-atienza-professor-universidade-alicante.

[75] Disponível em: http://www.conjur.com.br/2015-out-08/atienza-argumentacao-juridica-hermeneutica-nao-sao-incompativeis. (O texto de Oliveira e Streck está disponível em: http://www.conjur.com.br/2015-set-19/diario-classe-ontologicamente-impossivel-querer-analitica-hermeneutica.)

diferentes. Streck costumeiramente afirma que o Direito é fenômeno demasiadamente complexo para ser retratado, em sua riqueza, em livros descomplicados ou esquematizados. Concordo. Mas, ao desqualificar teorias concorrentes por elas não se embasarem, direta ou indiretamente, nos autores por ele mesmo pré-selecionados, Streck revela a insinceridade de sua crítica. Em rigor, Streck não vê no Direito complexidade que legitime a abordagem por perspectivas que *realmente* divirjam das premissas filosóficas, metodológicas e políticas do próprio Streck. Análise econômica do Direito, realismo jurídico, positivismo jurídico, pragmatismo e o antipositivismo de Robert Alexy têm todos um elemento comum: eles não "querem" fazer teoria do Direito com a "minha" filosofia. Eles não leram – ou, se leram, não compreenderam – Heidegger, Gadamer e demais autores pelos quais "eu" tenho predileção.

Enfim. Com essa textura, repetir *ad nauseam* o termo "superação" corta pela raiz a viabilidade da realização de um genuíno debate filosófico. Não existe conversa responsável ou produtiva quando alguém *a priori* "superado", em posição subalterna, tem de, a todo momento e custo, olhar para cima para persuadir o interlocutor que sua filosofia de fundo ainda é aceitável em razão disto ou daquilo. Um pós-positivismo baseado em fundamentalismo dogmático é ao mesmo tempo errado e metodologicamente tirânico.

3.3 Elitismo epistêmico

Na história das ideias políticas, houve, e ainda há, inúmeros pensadores que apontam a incapacidade intrínseca de regimes democráticos desenvolverem sociedades justas e bem ordenadas. De Platão a Nietzsche –[76] dois habitantes de posições antagônicas quando se trata de epistemologia e ética –, filósofos que criticam

---

[76] A despeito de conceber como besteira metafísica toda distinção platônica entre mundo ideal e mundo sensível, Nietzsche também demonstrava expressivo asco contra aquilo que considerava ser a multidão medíocre e ressentida, escrava da moralidade de rebanho. Segundo ele, o declínio histórico da moralidade cristã, única conhecida pela multidão desinformada, levaria a um período social de colapso moral e psicológico, é dizer, a um novo barbarismo (como, aliás, não vê-lo como um profeta neste ponto?). Mas esse novo barbarismo pavimentaria o caminho para a ascensão do Super-Homem – o indivíduo que, a partir de uma moralidade aristocrática, age para além das restrições de Bem e de Mal impostas pelo rebanho, criando seus próprios valores e conduzindo-se no mundo ciente da grandiosidade da própria vida.

a democracia costumam concordar com isto: apenas comunidades com inclinações suicidas aceitam atribuir o leme do Estado à multidão desinformada e iludida.

Com o histórico debate americano sobre controle judicial de constitucionalidade (*judicial review*), a tensão entre elites epistêmicas e democracia ganhou novo vocabulário. Juízes não eleitos têm legitimidade para invalidar as escolhas de representantes do povo em assuntos sensíveis? E, se sim, quais os limites? É comum que as respostas a essas perguntas envolvam considerações sobre a capacidade e a competência dos envolvidos – em sentido de educação, bom senso e intelecto. Por um lado, há autores que defendem a posição privilegiada de juízes constitucionais na avaliação de casos concretos: eles detêm formação jurídica, ostentam garantias institucionais de imparcialidade e independência, e, quando comparados às barulhentas e caóticas votações parlamentares, inserem-se em atmosfera mais favorável ao debate racional sobre moralidade. Por outro, há autores que rejeitam tal linha argumentativa por, dentre outros argumentos, retratar visão aristocrática do conhecimento e subtrair de quem de direito – o povo – o poder supremo de decidir o destino de sua comunidade, arcando com os custos de seus erros e acertos.

No geral, autores costumam aceitar algum grau de controle judicial de constitucionalidade e há inúmeras posições intermediárias que propõem diálogos institucionais entre os poderes ou alternativas como o controle fraco de constitucionalidade. Mas, para os fins deste trabalho, podemos, de forma tranquila, posicionar o pós-positivismo brasileiro na primeira prateleira mencionada: desde os primórdios, trata-se de movimento teórico que não apenas aceita o controle judicial de constitucionalidade como integrante de um conceito mais elástico de democracia, como também encoraja a hiperconstitucionalização do mundo da vida por meio de raciocínios morais de juízes. Todavia, pós-positivistas nacionais que defendem posturas mais agressivas por parte do Poder Judiciário, concedendo-lhe o "direito" de errar por último, raramente se dão ao trabalho de analisar o *porquê* de juízes, em detrimento de legisladores, serem tão mais confiáveis em assuntos filosófica e moralmente controversos. Nutrem-se da academicamente difundida sensação, já especificada por Jeremy Waldron, de que há algo de podre nas legislaturas e nas decisões populares, em contraposição à visão romantizada do

Judiciário como quase imaculado redentor de erros em escolhas políticas sensíveis.

Já fiz críticas em outro estudo ao modo como o pós-positivismo nacional encara o gerenciamento do conhecimento humano. A seguir, complementarei essas críticas falando da ideia de racionalismo vulgar, explorada por Oakeshott. Aqui, neste ponto, quero dar um passo para trás, voltar a Platão e fazer um *mea culpa*: já levei adiante a crítica de que o pós-positivismo brasileiro estaria a resgatar um indevido elitismo epistêmico platônico. Sinto-me envergonhado por ter expressado essa opinião e quero retratá-la. Não, o pós-positivismo nacional não desenvolveu nada parecido a um elitismo platônico. Explico.

Platão entendia que não chegamos ao conhecimento verdadeiro, à *noesis*, confiando naquilo que é transmitido pelo mundo sensível, em que tudo é fluxo, em que tudo "vem a ser".[77] Nossas sensações fazem-nos conhecer, no máximo, imitações imperfeitas do Real. Confiar nelas nos leva a ter apenas opiniões (*doxa*). O Real é o mundo das ideias ou formas, da estabilidade, do fixo, das essências objetivas, o mundo em que as coisas existem em estado de perfeição e eternidade. Enfim, o mundo do verdadeiro "Ser".[78] E este é o ponto: quem são as pessoas concretas capazes de alcançar o conhecimento verdadeiro, e não apenas imitações ou participações imperfeitas? Os filósofos.

---

[77] Há disputas sobre se Platão considerou que existe uma separação local do mundo das ideias e do mundo sensível – como se nós estivéssemos aqui e as ideias em outro lugar – ou se o sentido de separação, transcendência e autosubsistência das ideias, em verdade, seria metafórico. Nessa última interpretação, as essências objetivas não estão aí em algum lugar distinto do nosso mundo, e sim seriam produto da transcendência interna do intelecto, o qual ascenderia das sensações subjetivas para a contemplação de realidades objetivas.

[78] Para que não fiquemos na abstração. Imaginemos uma pessoa afirmando: "a Constituição brasileira de 1988 é justa". Nessa proposição, a Constituição de 1988 é um dado sensível, um ingrediente do mundo concreto em que vivemos, um documento político construído por seres humanos no fluxo, no "vir a ser", da história. Na estrutura do pensamento de Platão, a Constituição de 1988, em si, não pode ser o exemplar da verdadeira Justiça. Se, ao dizer que a Constituição é justa, a pessoa estiver referindo-se aos princípios morais históricos contemplados na própria Constituição, essa pessoa estará apontando apenas para uma cópia imperfeita do verdadeiro real e, por conseguinte, estará levando adiante uma mera opinião sobre justiça baseada em cópias e imitações sensíveis. Agora, se a pessoa que diz a "Constituição de 1988 é justa" compreende que a expressão "justa" se refere a uma forma estável e perfeita em um mundo ideal e eterno, e se a pessoa que o diz detém a qualidade intelectual necessária para acessar esse mundo ideal e eterno, então essa pessoa estará fazendo um juízo sobre a Constituição de 1988 baseado no verdadeiro conhecimento.

Mas, ao contrário do que expressei em outra oportunidade, nada disso se equipara ao que têm feito os pós-positivistas nacionais. O que nos interessa é o seguinte: a divisão intelectual entre filósofos e não filósofos não apagou, em Platão ou em Sócrates, o espírito constante de dúvida. A ascensão do intelecto ao mundo das ideias não foi pensada para agradar ou ser apropriada por retóricos que espalham pelo vento a ideia de que são superiores a seus pares. Isso pode ser um risco prático da tese, mas a ascensão platônica à realidade objetiva sempre foi precedida pela exigência de rigoroso processo de educação cívica, com aprofundamento em disciplinas que nossos juristas atuais não dominam, como aritmética, física e sensibilidade musical, além de extenso período prático de colocação à prova do caráter virtuoso, e sempre foi envolta pelas concepções de humildade, esforço intelectual, autodisciplina e argumentação racional, rigorosa e consistente.

É isso que nossos pós-positivistas fizeram e têm feito? Historicamente, não. Há, aí, um elitismo *ad hoc* e injustificado: orgulhosos, pós-positivistas nacionais autocongratularam-se entre si por terem superado teorias rivais, distorceram tais teorias e infestaram a academia brasileira com artifícios retóricos para encobrir suas próprias insuficiências e inflar um sentimento de grupo de progresso racional. Com um autocertificado senso de ascensão intelectual, foram além e encorajaram, em escala muito superior a pós-positivistas estrangeiros, o protagonismo de juízes e, em especial, do Supremo Tribunal Federal.

E veja: reconheço que muitas das expressões que marcaram o debate nacional na fase da euforia ("novos tempos", "nova hermenêutica", "o início da história", "it's summer now", "senso comum teórico" etc.) vêm sendo empregadas com cada vez mais cautela e comedimento nos debates contemporâneos. Mas, em especial no pós-positivismo de Lenio Streck, há um inequívoco espírito de atualização retórica do vocabulário. Além das inovadoras invocações da Metaética – veremos em tópico próprio –, a publicação, por Dworkin, da obra *Justiça para ouriços* trouxe novo elemento ao repertório. Claro: Dworkin não tinha a intenção de que os conceitos que defendeu em seu livro fossem apropriados para fins de açoites retóricos. Mas, em alguma medida, isso aconteceu. Em entrevista de 2015 a Bianor Arruda, por exemplo, constou a seguinte nota de rodapé: "Nesse momento, o professor Lenio Streck afirma que é um ouriço com longos espinhos, espinhos enormes e afiados. 'Nós, eu e o meu grupo, somos ouriços, não gostamos muito das raposas, raposas sabem pouquinho de cada coisa, o ouriço sabe uma grande coisa'".[79]

Um platônico pode exigir muito de quem debate certos assuntos sensíveis, como precedência de reflexões racionais, aprofundamento em ideias filosóficas e considerações rigorosas sobre a argumentação. E, ao fazê-lo, não estará sozinho: em debates sérios, o mínimo que, na Filosofia e na Ciência, geralmente se espera das partes que se propõem a argumentar é que tenham tido a fineza de pesquisar por fontes adequadas e refletir sobre o assunto. A sinalização de virtude pós-positivista, todavia, tem pouco ou nada de platonismo. Quando Platão advertiu que o Estado deve ser conduzido por filósofos preparados, certamente não considerou que estariam aptos ao feito aqueles que alicerçam suas principais teses em bases sofísticas.

3.4 Eruditismo tóxico

Podemos criticar Barroso em inúmeros aspectos, mas nunca por ostentar eruditismo tóxico. Este é um tópico destinado exclusivamente ao pós-positivismo de Lenio Streck. Pensei em definir o que seria eruditismo tóxico. Mas Luís Greco e Alaor Leite, em ensaio publicado no livro *Autoria como domínio do fato*, de forma não intencional fizeram o serviço como eu jamais seria capaz. Peço licença ao leitor para violar minha política estilística de não abarrotar meus livros com citações longas. Transcrevo, a seguir, nota de rodapé presente no referido livro:

> Veja-se, por todos, o artigo de Lenio Streck (acessível em: https://www.conjur.com.br/2012-ago-06/lenio-streck-mensalao-dominio-fato-algo-tipo-ponderacao).[80] A despeito de criticar o fato de que "os autores

---

[79] PDF da entrevista disponível em: http://biblioteca.jfpb.jus.br/wp-content/uploads/2023/04/conversa-com-lenio-streck.pdf.
[80] Fato curioso: o texto de Greco e Leite foi publicado em 2014. Dez anos após, tentei acessar o artigo de Streck. Ainda está disponível na revista *Consultor Jurídico*. Mas, por motivos que ignoro, o texto está com inúmeros trechos em erro (com mensagens do tipo "table.

que fundaram as diversas teorias são lidos por *apud*" e a "cultura manualesca", "que ensina teoria do delito (...) de segunda ou terceira mão", Streck faz o mesmo e ainda vai além. Em primeiro lugar, ele cria termos em língua estrangeira, chama a teoria do domínio do fato (em alemão: *Tatherrschaft*) repetidamente de *Theorie der Tatsache und Theorie Domäne der objektiv-subjekit*, o que, em alemão, é ainda menos compreensível do que em português (traduzido: "teoria do fato e teoria domínio do [inserir substantivo] objetivo-subjetivo"). Em segundo lugar, o que é ainda mais grave, o autor comete uma série de erros materiais. O principal deles encontra-se na passagem segundo a qual a teoria "tem como pressuposto determinar a possibilidade de se 'pegar' *'Der Mann hinter'*, ou seja, o homem que está por trás do crime ou da organização criminosa". Aqui, Streck não apenas faz errôneo e novamente desnecessário uso de expressões em língua estrangeira (sucintamente, o correto seria dizer *Hintermann*; a expressão criada por Streck contém tantos erros, que teríamos de fazer mais uma nota para apontá-los), como comete um tríplice deslize: ele reduz a teoria a uma de suas aplicações concretas, como se domínio do fato fosse o mesmo que domínio da organização; insinua que, sem a teoria, não se "pegaria" esse homem de trás, que ficaria impune, o que contraria frontalmente qualquer leitura que se dê ao art. 29 do CP; por fim, ao escrever que *Der Mann hinter* está "por trás do crime ou da organização", dá a entender que a autoria deriva da mera posição em face da organização, e que não precisa ter relação direta com o crime (...). Por fim, o artigo contém citações visivelmente emprestadas de publicações cujo conteúdo o autor aparentemente desconhece. Veja-se a passagem: "há farto material sobre isso, v.g., *Festschrift für Claus Roxin zu (sic) 70. Gerburstag (sic) am 15 mai (sic) 2001, Verlag de Gruyter*, Berlin, 2001 – Bernd Schünemann e Cristian Jager – editores". Nesse livro, a coletânea de estudos em homenagem a Roxin pelos seus 70 anos, que reúne 85 estudos e alcança quase 1600 páginas, apenas 6 cuidam de problemas relativos ao concurso de pessoas (a saber, os estudos de (...)), e apenas um, o de Muñoz Conde, trata do domínio sobre a organização. Enfim, ainda que o diagnóstico geral de Streck ("estamos diante de uma tese que corre o risco de não ser bem entendida"; "trata-se de uma tese complexa. O seu risco é que ela seja transformada em uma nova 'ponderação' ou em uma espécie de 'argumento de proporcionalidade ou de razoabilidade', como se fosse uma cláusula aberta, volátil, dúctil") esteja correto, o autor critica o cisco no olho alheio e ignora a trave que está no próprio.[81]

MsoNormalTable", "false" e "X-NONE") e desapareceram partes criticadas por Greco e Leite. Além disso, parecem ter sido arrumadas retroativamente a expressão *"Der Mann Hinter"* (agora grafada *Hintermann*) e *Theorie der Tatsache und Theorie Domäne der objektiv-subjekit*.

[81] GRECO, Luís; LEITE, Alaor. O que é e o que não é a teoria do domínio do fato. Sobre a distinção entre autor e partícipe no Direito Penal. *In*: GRECO, Luís [*et alii*]. *Autoria*

Valer-se desnecessariamente de expressões estrangeiras – sobretudo incidindo em erros crassos em idioma que não domina (ou que à época, em 2012, não dominava) – e sugerir ter lido obras que não leu, ao mesmo tempo em que, flutuando acima dos demais, reclama da cultura manualesca e do fato de outros autores estudarem teoria do delito apenas por livros de segunda mão: eis talvez o caso central mais extremo e tenebroso do que entendo por eruditismo tóxico.

Mas há formas menos radicais do fenômeno na obra de Streck. Analisarei uma. Esta: de meados da década de 2010 para cá, Lenio Streck e seus alunos passaram a ostentar crescente interesse por debates acerca da Metaética.[82] Qual o problema? Este: em muitas passagens, os estudos de metaética de Lenio Streck não detêm a finalidade de compreensão da filosofia moral, de suas relações com a teoria do Direito individual ou de autocrescimento individual do próprio estudioso. Pelo contrário. Nas mãos dos pós-positivistas hermenêuticos, a metaética se transformou em campo fértil para a apropriação e instrumentalização de conceitos com o objetivo de enaltecer narcisicamente a própria teoria pós-positivista. O pós-positivismo hermenêutico brasileiro adicionou mais uma carta-coringa argumentativa à sua coleção: para depreciar teorias rivais, rotulando-as como antidemocráticas ou perigosas, basta afirmar que se trata de um exemplar aderente ao "não cognitivismo". Antes, para refutar Streck, devíamos refutar Heidegger. Agora, devemos refutar Heidegger e, dentro da metaética, os argumentos de autores adeptos ao cognitivismo moral.

Eis dois exemplos de afirmações, feitas por Streck, que incorrem na instrumentalização retórica da metaética:

> O não cognitivismo ético (moral) avança. Perigosamente. Bom, todas as teorias positivistas são não cognitivistas. (...) O não cognitivista é o sujeito que não se importa em separar joio e trigo. Na verdade, ele nem considera relevante que se separe joio e trigo. Não se trata sequer de dizer que não há fatos ou objetividade; é renunciar à

---

como domínio do fato: estudos introdutórios sobre o concurso de pessoas no direito penal brasileiro. São Paulo: Marcial Pons, 2014. p. 37.

[82] Além do *Dicionário de hermenêutica* de Lenio e demais colunas na revista *Consultor Jurídico*, cito como exemplos as publicações de Arthur Ferreira Neto e Luã Jung.

própria discussão sobre se há ou não objetividade. É a postura do "pouco me importa".[83]

> Direito e democracia não combinam com qualquer forma de teoria cética ou não cognitivista moral. (...) Teorias céticas constituem um problema, porque, nelas, há uma crença de que a verdade, com um mínimo grau de objetividade, não importa. Quer dizer: paradoxalmente, para essas teorias "é verdade que não existe verdade". Com isso, o Direito – e a teoria prova – são transformados em uma katchanga (real ou não).[84]

Sobre metaética, escrevi mais extensamente em meu livro *Democracia e respeito à lei*. Para os fins aqui propostos, basta saber que metaética é o campo de estudo que faz "questões sobre as questões" da ética, ou questões de segunda ordem. As indagações da metaética não pretendem elucidar se eu estou correto no debate sobre o aborto ou, ao contrário, se você é quem está correto (o que poderia ser objeto de análise na Ética Normativa ou na Ética Aplicada). Pretendem, em verdade, entender o que eu e você estamos *fazendo* quando eu digo "o aborto é errado" e você replica "o aborto é correto".

É abstrato? Sim, muito. A metaética lida com um enorme conjunto de perguntas[85] relacionadas com significado, metafísica, epistemologia, fenomenologia, psicologia moral e objetividade. Na medida em que tais perguntas são respondidas de uma ou de outra maneira, podemos fazer algumas classificações. Vejamos:

---

[83] Texto de 2021 intitulado "Como detectar mentiras e como comprar livros sem a parte ruim". Disponível em: https://www.conjur.com.br/2021-abr-08/senso-incomum-detectar-mentiras-comprar-livros-parte-ruim.

[84] Texto de 2017 intitulado "Livre apreciação da prova é melhor do que dar veneno ao pintinho?" Disponível em: https://www.conjur.com.br/2017-jul-13/senso-incomum-livre-apreciacao-prova-melhor-dar-veneno-pintinho.

[85] Alexander Miller, em seu *An Introduction to Contemporary Metaethics*, elaborou um bom resumo dessas perguntas: qual é a função semântica do discurso moral? A função do discurso moral é exprimir fatos, ou ele possui algum outro papel não declaratório de fatos? Fatos morais (ou propriedades morais) existem? Se sim, como são? São idênticos ou redutíveis algum outro tipo de fato (ou propriedade) ou são irredutíveis e *sui generis*? Existe algo como "o conhecimento moral"? Como podemos saber se nossos julgamentos morais são verdadeiros ou falsos? Como nós podemos justificar nossas afirmações sobre a possibilidade de conhecimento moral? Como qualidades morais são representadas nas experiências de um agente que faz um julgamento moral? Eles parecem estar "lá fora" no mundo? O que podemos falar sobre o estado motivacional de alguém que realiza um julgamento moral? Que tipo de conexão existe entre fazer um julgamento moral e ser motivado a agir de acordo com aquilo que o julgamento prescreve? Julgamentos morais podem ser realmente corretos ou incorretos? Podemos engajar-nos na busca da verdade moral?

COGNITIVISTAS		NÃO COGNITIVISTAS
Juízos morais expressam crenças.		Juízos morais expressam desejos, categoria não sujeita à avaliação de verdade ou falsidade.
Essas crenças, ao menos de vez em quando, podem ser verdadeiras?		
SIM	NÃO	
REALISTAS MORAIS	COGNITIVISMO SEM REALISMO	
Crenças verdadeiras se relacionam com fatos naturais independentes da linguagem humana?		
SIM	NÃO	
NATURALISTAS	NÃO NATURALISTAS	

É questionável, para usar um eufemismo, a afirmação genérica de Streck de que "todas as teorias positivistas são não cognitivistas".[86] Hart, por exemplo, no pós-escrito à sua obra *The Concept of Law*, afirmou que sua teoria do Direito deixa em aberto o debate sobre a natureza de nossas divergências morais. Por mais importante que seja o debate metaético, trata-se de algo que não se confunde com as fronteiras da Teoria do Direito, a qual tem outro objeto e propósito de estudo.[87]

Mas, mesmo que concordemos, apenas para fins argumentativos, com a afirmação genérica de Streck sobre o caráter não cognitivista de teorias positivistas, beiraria a teratologia seguir toda a sua linha de raciocínio e desaguar na proposição de que não cognitivistas, como supostamente são os positivistas, exibem *postura* de "pouco importa" diante de debates morais ou, acrescento, diante de injustiças concretas. Nessa linha, Streck vê-se na

---

[86] Afirmação presente no artigo online "Como detectar mentiras e como comprar livros sem a parte ruim", citado acima.

[87] Juan García Amado enfatiza corretamente esse ponto. Ele divide a teoria do Direito entre juspositivismo e jusmoralismo (este englobando jusnaturalistas e "construtivistas" como Dworkin, Alexy e Atienza). Embora eu aqui empregue terminologia distinta, em suma é o seguinte: no campo da Moral, por deixarem aberto o debate, juspositivistas podem ser cognitivistas (ex: Raz) ou não cognitivistas morais (ex: Kelsen). Jusmoralistas, ao trazerem o debate para dentro da teoria do Direito com defesa explícita de respostas morais corretas, necessariamente devem ser cognitivistas – jusnaturalistas são cognitivistas-realistas e construtivistas são cognitivistas sem realismo.

prerrogativa de dar um excepcional salto lógico do âmbito daquilo que, por um lado, o teórico pensa ser a natureza da moralidade e, por outro, o modo como o teórico sustenta a normatividade de seus juízos morais ou *age*, como crítico moral ou mesmo em lutas políticas do mundo fenomênico, diante de injustiças concretas. Não cognitivistas abrem mão de debates abstratos que consideram irrelevantes (v.g. "crenças verdadeiras se relacionam a fatos naturais?"), mas isso não significa que careçam de outros meios teóricos e argumentativos para a defesa da superioridade de seus juízos de valor sobre questões práticas.[88] Basta indagar: Kelsen, tido como não cognitivista, pouco se importava com debates e propostas sobre a democracia? Ou mesmo com a prática do nazismo? Não separava o joio (nazistas) do trigo (democratas)? Por que, então, teria ele escrito tanto sobre liberdade? Por que se viu compelido a tratar tanto sobre democracia? Por que, então, defendeu, contra a posição do jurista do nazismo Carl Schmitt, a consagração do Tribunal Constitucional como guardião da Constituição? E o que falar de Hart? Pouco se importava? O que dizer sobre sua defesa normativa, como crítico moral, da descriminalização da homossexualidade e da prostituição? O positivismo de Kelsen e Hart são *perigosos* para a democracia? Professores concretos, como Kelsen e Hart, ao proporem respeito a fronteiras dos ramos do conhecimento (teoria do Direito é uma coisa, filosofia moral é outra coisa), foram pessoas que levaram adiante ideias *perigosas* para a democracia? Por conseguinte, o primeiro motivo para eu me opor ao modo como pós-positivistas hermenêuticos empregam a metaética relaciona-se com o fato de tratar-se de mais um triste episódio de eruditismo tóxico. O segundo motivo tem a ver com um diagnóstico empírico. Esse diagnóstico vale-se do próprio vocabulário usado por Lenio Streck para afirmar o seguinte: ainda que se queira usar o vocabulário do cognitivismo moral para fins reais de crítica moral e cultural, o pós-positivismo hermenêutico

---

[88] Martha Nussbaum aponta, corretamente, que mesmo oponentes da teoria ética (antiteóricos) como Bernard Williams podem "acreditar que as paixões e sentimentos socialmente adquiridos tendem a ser corruptos, e que, por conseguinte, uma utilização crítica da razão desempenha um papel essencial e valioso nos assuntos humanos" (NUSSBAUM, Martha C. *A fragilidade da bondade*: fortuna e ética na tragédia e na filosofia grega. São Paulo: Martins Fontes, 2019. p. XXV).

tem feito um péssimo trabalho investigativo. Vê um ambiente jurídico inflado de "relativistas morais", quando, em verdade, o que ocorre é o exato oposto.

O Judiciário brasileiro não é um ambiente insuflado por magistrados "não cognitivistas", se a isso quisermos, como faz Streck, agregar o predicado depreciativo de que estariam a sustentar que "é verdade que não existe verdade" ou relativismos vulgares como "todos os valores ou culturas se equivalem".[89] Em termos gerais, aqui ocorre justamente o oposto. Magistrados que fogem da lei em nome da ética costumam ter convicções fortes sobre a objetividade de suas intuições morais. Eles têm crenças tenazes de que aquilo que escrevem em seus votos e sentenças constitui interpretação moralmente melhor e superior às alternativas de seus pares e mesmo às soluções escolhidas anteriormente pelo Poder Legislativo. A imoderação judicial está intimamente ligada com a existência de magistrados que se consideram porta-vozes de algo grandioso e profundo, que pensam saber o que é "a verdade" ou "a racionalidade" e buscam-nas mesmo a despeito daquilo que é comunicado pelas formas jurídicas e narrativas probatórias e processuais.

Ora, peguemos a tese da vanguarda iluminista de Barroso, acusada pelo próprio Streck de esgarçar os limites toleráveis da interpretação judicial. A tese induz ministros do STF a "empurrarem" (sic), cima-baixo, a sociedade para o "progresso moral", à luz de "valores racionais", é bom exemplo da ideia de que existem juízos

---

[89] Richard Rorty abre o texto introdutório de sua obra *Truth and Progress* da seguinte forma: "'Não existe verdade'. O que isso quer dizer? E por que alguém afirma isso? Na realidade, praticamente ninguém (exceto Wallace Stevens) de fato afirma isso". A tese de pragmáticos como Rorty – cito como exemplos Gray e Posner – é a seguinte: por mais que alguém diga que "não existem verdades" ou que "toda verdade é relativa", o fato é que, em debates reais sobre questões moralmente sensíveis, ninguém *age* como se considerasse essa crença verdadeira. Tais proposições beiram o autoengano ou, por vezes, a má-fé. Aquele que prega existirem verdades apenas subjetivas (a "minha" verdade) ou relativas vem a exigir, contra a verdade "subjetiva" de outro, adesão ao padrão de comportamento originalmente tachado como subjetivo – o que, analisado pragmaticamente, exige algum grau de crença na objetividade e força cogente heterônoma do padrão defendido em um primeiro momento. Pode ainda acontecer de aquele que prega existirem verdades apenas subjetivas ou relativas usar tais artifícios linguísticos sobre relatividade para mascarar uma adesão ao lado do debate a que o subjetivismo ou relativismo notoriamente beneficia, sem ter que se comprometer com tenacidade com a posição defendida, de modo a, por exemplo, sujeitar-se a menos crítica moral opositora.

morais verdadeiros (tão notoriamente verdadeiros que, por vezes, justificam passar por cima de toda a institucionalidade do Direito). Streck e eu não concordamos com essa tese. Mas nossas explicações sobre o que Barroso está fazendo quando, com base nela, toma posturas ambiciosas bifurcam. Como dizer que Barroso é um não cognitivista moral se ele ostenta convicção de objetividade dos juízos morais a ponto de justificar um "empurrão da história" realizado por uma cúpula de onze juízes?

Não creio que aprofundar no estudo da Metaética nos levará muito longe em termos de melhorias práticas, mas, se for para estagnar nesse vocabulário inútil, eu remo contra a maré e afirmo: antes fossem os magistrados "não cognitivistas" ou "relativistas". Antes falassem: "Após detida reflexão, creio que a melhor solução é a que segue esta corrente da filosofia moral, mas sei que existem outras posições tão boas e racionais quanto a minha, e uma dessas soluções já foi escolhida pelo Poder Legislativo, representando o povo". Antes tivessem sinceras dúvidas acerca da força de seus próprios juízos morais e preferissem uma leitura honesta dos textos jurídicos. Antes cultivassem de forma habitual meios de excelência prática que os conduzisse a tornarem-se juízes cientes de suas limitações e da grande conversa do Direito. Antes exercitassem a virtude passiva mencionada por Alexander Bickel, sem se deixar governar por aquilo que acreditam ser a Verdade Moral. Antes bradassem: "Não há nenhum fato que eu deva buscar para além do que me foi narrado nestes autos pelas partes". Antes levassem a sério a ideia de desacordos morais razoáveis. Aquele que realmente combate o ativismo deve exigir que magistrados relativizem suas certezas morais, cessem os supostos heroísmos éticos e engulam a seco mesmo que se escandalizem internamente com um ponto de vista que não raro é diferente dos seus mais belos sonhos – o ponto de vista jurídico.

CAPÍTULO 4

CONSEQUÊNCIAS DA RETÓRICA PÓS-POSITIVISTA

4.1 Racionalismo vulgar

Michael Oakeshott, no clássico compilado *Rationalism in Politics and Other Essays*, usou o termo "política da fé" para designar pretensões racionalistas movidas pela esperança de modificação do futuro por meio da construção de doutrinas abstratas: "como Midas, o Racionalista está sempre na infeliz posição de não ser capaz de tocar qualquer coisa sem transformá-la em abstração".[90]

Segundo Oakeshott, autores racionalistas realizam uma "apropriação mental da moralidade" e, de dentro de seus gabinetes, arquitetam o conteúdo de "princípios morais". Há, nesse processo, uma ênfase quase absoluta no "conhecimento técnico" de pessoas treinadas em determinada especialidade – no nosso caso, o Direito –, em detrimento do "conhecimento prático" dissolvido na experiência diária da população em geral. O conhecimento técnico do jurista parece iniciar e terminar em "certeza" ou algo muito próximo a isso. Já o conhecimento prático, para o racionalista, caracteriza-se pela incerteza. É muito fluido e dissipado para uma apropriação mental

---

[90] OAKESHOTT, Michael. *Rationalism in politics and other essays*. Carmel: Liberty Fund, 1991, p. 31. A análise de Oakeshott não tem a preocupação central de enfrentar os territórios legítimos de atuação de poderes. Longe disso. A aproximação, todavia, é válida tanto pela relevância e pertinência dos conceitos propostos pelo autor quanto pelo fato de, ao fim e ao cabo, a extensão de legitimidade de atuação concedida pelo pós-positivismo ao Poder Judiciário, em especial ao Supremo Tribunal Federal, tornar tal departamento um ambiente por vezes indistinguível da política ordinária.

sofisticada. Além disso, surge a partir da experiência de pessoas não iniciadas em determinado ramo do conhecimento. Dele, deve o jurista treinado desconfiar.

O pós-positivismo brasileiro é o palco privilegiado para a observação do comportamento de juristas não apenas seguros da objetividade da moral, como também da capacidade de o Poder Judiciário acessar tal objetividade e desenvolver argumentos moralmente superiores a escolhas razoáveis de representantes do povo. Por essas terras, o elitismo epistêmico que espraia pelo pós-positivismo, combinado com a narcísica autodeclaração de que os caminhos da objetividade moral são bem conhecidos e transitáveis, por décadas fez juristas sentirem-se confiantes o suficiente para defenderem que é papel do Supremo Tribunal Federal "empurrar a sociedade" (Barroso) para ambientes considerados eticamente prósperos ou que respostas corretas em áreas de penumbra do Direito não só existem, como são, com livros de Heidegger sob o braço, acessíveis a partir de raciocínios filosóficos "sofisticados" elaborados a partir da dissecação do "DNA" da Constituição.

Veja-se o poder explicativo da análise de Oakeshott: a política da fé, em sua visão, é igualmente uma política da perfeição e da uniformidade. Por um lado, o racionalista acredita na evanescência da imperfeição. A superioridade do "conhecimento técnico" justifica, contra a prudência e a experiência destilada historicamente pela tradição, sejam realizadas cirurgias sociais, intervenções incisivas, decisões repentinas e ambiciosas com o objetivo de alterar a situação de fato e estabelecer uma nova prática de moralidade tida como desejável. Por outro lado, o racionalista acredita que, se os princípios por ele sugeridos denotam racionalidade, qualquer desafio ao seu raciocínio recai no exato oposto: o irracionalismo. Desconfia, por conseguinte, de críticos, de alternativas e de ideias divergentes – não propriamente do conteúdo das ideias, e sim do simples fato de tal ideia e seu proponente existirem. Oakeshott arremata: a atividade política passa a ser reconhecida como a *imposição* de uma "condição uniforme de perfeição sobre a conduta humana". Coincidência?

Aqui, um crítico imaginário e atento replicaria o seguinte: mas Barroso e Streck são mesmo racionalistas? Como assim? Não foi dito, anteriormente neste livro, que Luís Roberto Barroso, em seus textos mais antigos, fazia referência à pós-modernidade e às teorias críticas que questionavam as ideias de objetividade e neutralidade? Barroso não mencionava e concordava com a "crítica à razão" moderna? E Streck? Não foi dito, neste livro, que, desde seus primeiros escritos, ele se baseia em lições da hermenêutica filosófica de Hans-Georg Gadamer, considerada como um tipo de superação do racionalismo clássico e sua filosofia da consciência? Como, então, seria possível propor que ambos – e, na medida possível da extensão, os demais pós-positivistas brasileiros –, em alguma medida, estão comprometidos com uma filosofia racionalista abstrata de descendência moderna?

Respondo. Um pressuposto para qualquer análise séria de trabalhos acadêmicos é que os autores sejam julgados não pelo que dizem estar fazendo, e sim pelo que *realmente* estão fazendo. Seja lá o que diga estar fazendo, o fato é que Streck, adepto do planejamento centralizado, leva adiante concepção generosa de Constituição-dirigente e, em diversas passagens, critica abordagens da interpretação jurídica baseadas em experiências reais que porventura estejam em desacordo com aquilo que ele pessoalmente define como "tradição jurídica". Prefere, ao fim e ao cabo, tornar a interpretação jurídica dependente de princípios abstratos que detêm "DNA Constitucional" – assertiva que, para Streck, como já visto neste livro, equivale a "princípios que estão de acordo com a 'minha' teoria hermenêutica". Barroso, por sua vez, embora nos últimos tempos tenha adotado em alguma medida espírito empiricista, mostrando-se interessado pelo pragmatismo e consequencialismo, ainda tem sustentado que o Supremo Tribunal Federal deve desempenhar uma "função iluminista", "empurrando" a sociedade para contextos superiores de moralidade. Trata-se de engenharia social típica de um bom e velho racionalista francês, com a diferença de estar sendo sugerida não só como projeto político de uma Constituição ou de leis futuras, mas também, e sobretudo, como parâmetro de atuação de reduzida elite jurídica com assento na mais alta cúpula do Poder Judiciário.

Não há como esquecer, no ponto, da profecia de Oakeshott: a cada passo em que se distancia de suas verdadeiras fontes de inspiração, o caráter racionalista torna-se mais grosseiro e vulgar. Tanto em Barroso quanto em Streck quanto, em geral, nos demais pós-positivistas nacionais, há o desenvolvimento de uma modalidade de racionalismo vulgar divorciado de suas reais fontes inspiradoras.

4.2 Emotivismo disfarçado (ou: sobre nossa Constituição emotivista e seus iludidos pós-positivistas)

Tenho algo a mais a dizer sobre racionalismo vulgar. Algo importante. Não sobre o racionalismo vulgar de Barroso. Ninguém sabe ao certo o que ele entende por "empurrar" a história e ele não esclareceu, para além de usos abstratos de "civilizatório", "cidadania" ou "dignidade humana", a estrutura e a dinâmica da sociedade ideal para a qual onze ministros do Supremo Tribunal Federal deveriam guiar-nos todos. Minha análise recairá sobre o racionalismo vulgar de Streck, que ao menos realizou tentativa de estabelecer compromissos filosóficos.

Bem analisada, toda a obra de Streck é permeada – e, eu acrescentaria, estruturada – pela rejeição da separação entre fato e valor. Essa separação, Streck argumenta, constitui o "ovo da serpente" de teorias, como o positivismo jurídico, que, segundo ele, "apostam" na discricionariedade do juiz. A forte distinção encontra-se claramente em Kelsen e pode ser verificada, de modo mais genérico, na proposta metodológica do positivismo jurídico de separar o Direito como ele é do Direito como ele deveria ser, ou, ainda, da assunção positivista de que é epistemologicamente possível descrever o Direito sem realizar valorações morais. Por estranho que possa parecer, eu concordo em alguma medida com essas críticas, pois também rejeito, ao menos desde 2018,[91] com base sobretudo nos

---

[91] No âmbito *metodológico*, minha concepção seria enquadrável no rótulo geral do não positivismo, embora as premissas partam de base filosófica clássica, distinta à do pós-positivismo nacional. A concepção de teoria apropriada para o Direito é precisamente a concepção que se extrai da tradição aristotélica: o Direito é um conceito funcional e a análise das finalidades morais às quais nasce para servir não pode ser dissociada do exame do estado atual de coisas e dos meios adequados para alcançar aquilo que jaz em potência. Esses meios, por sua vez, devem ser baseados em análise imparcial

argumentos do primeiro capítulo da obra *Natural Law and Natural Rights*, de John Finnis, a metodologia do positivismo descritivo. Concordo "em alguma medida" porque, no final das contas, como já deve ter ficado claro neste estudo, não acredito que o problema primordial de arbítrios judiciais seja atribuível a positivistas, e sim a nosso desenho institucional concreto pós-Constituição de 1988 e ao modo como pós-positivistas como o próprio Streck conduziram os debates jurídicos desde então.

Deixe-me corrigir: em verdade, minha concordância sobre metodologia não é com Streck, e sim com Alasdair MacIntyre, autor específico que ele utiliza tanto para sustentar a falsidade da distinção entre fato e valor quanto para examinar os problemas que se seguiram desse aspecto particular da filosofia moderna. Mas Streck interpreta mal, muito mal, MacIntyre e, em razão desse erro, constrói toda uma "teoria da decisão judicial" baseada em esperanças que se mostram ingênuas e autoiludidas quando comparadas com a nossa realidade institucional. Ao fim e ao cabo, como já argumentei neste trabalho, as teses distorcidas de Streck servem apenas para conceder a ele, Streck, e eventuais primos intelectuais e ideológicos, a prerrogativa retórica de decidir o que conta e o que não conta como "DNA Constitucional" ou decisões judiciais corretas.

Em seu livro *After Virtue*, MacIntyre segue diagnóstico realizado em 1958 pela filósofa Elizabeth Anscombe[92] e argumenta

---

do que costuma ocorrer na realidade, como a condição humana, o balanceamento entre incentivos e inibições, as limitações fáticas e sociais a desejos subjetivos e, no que se refere à filosofia do Direito, as razões pelas quais sociedades, em certo ponto de sua evolução, veem-se compelidas a criar instituições baseadas no conceito de autoridade. Entendo que Scott Shapiro, em sua obra *Legality*, expôs muito bem qual o propósito moral do Direito (*moral aim thesis*): resolver conflitos e incertezas em contextos arbitrários, complexos ou contenciosos. Nessa linha, entendo que Shapiro está autoiludido quando argumenta que toda a sua construção teórica é meramente analítico-descritiva. Em outros termos: é o autodeclarado positivista mais não positivista da geração contemporânea.

[92] Em seu famoso artigo "*Modern Moral Philosophy*", Anscombe reprovou o modo pelo qual filósofos morais modernos têm-se valido de termos como "obrigação" e "dever". Segundo ela, tais termos, hoje, são como palavras vazias que "sobreviveram" a uma concepção antiga de ética que não mais é levada a sério – mas deveria sê-lo: "Na filosofia dos presentes dias uma explicação é exigida sobre como um homem injusto é um homem mau, ou como uma ação injusta é uma ação má; conceder uma explicação como essa pertence ao domínio da ética; mas não se pode sequer iniciar [tal empreendimento] até

isto: foi a Modernidade que criou as condições filosóficas e sociais para o cenário caótico de brutal divergência política e moral que vivenciamos hoje. Se hoje não conseguimos chegar a denominadores comuns em assuntos sensíveis, e se a característica básica desses "debates" é o fato de serem intermináveis, isso se deve, sobretudo, ao fato de o vocabulário moral que usamos ter perdido seu "contexto", ter sido subtraído de uma "tradição" milenar que lhe conferia sentido e que possibilitava usos lastreados em terrenos genuínos de concordância. Antes tínhamos inúmeros conceitos morais que se sustentavam na ideia aristotélica – e na refinação tomista – de *telos*, de finalidade a que algo está destinado caso se desenvolva de acordo com suas potencialidades. Tais conceitos, na tradição anterior à moderna, eram enxergados como *conceitos funcionais*: estabelecer os fins a que as coisas se destinam (os "bens necessários" a serem alcançados) e os meios pelos quais o estado do ser transita ao seu estado final eram atividades tão importantes quanto quaisquer descrições sobre o que as coisas meramente "são" na atualidade. Aliás: a mera descrição sem referência às finalidades e aos meios de atingi-las era, em rigor, incompreensível, já que apenas com referência ao todo se poderia compreender adequadamente o fenômeno. Havia distinção clara entre ato e potência. Havia distinção clara entre aparência e realidade. E por isso se podia dizer, sem escândalos pretensamente lógicos remetidos à guilhotina de Hume, que das afirmações "esse relógio é flagrantemente impreciso e irregular para medir o tempo" e "este relógio é demasiado pesado para se carregar confortavelmente" se seguia a conclusão de que "esse relógio é ruim".

Segundo MacIntyre, no que concordo, perante a tradição aristotélica e tomista havia critérios compartilhados para que declarações morais ou valorativas pudessem ser julgadas como verdadeiras ou falsas. A separação entre fato e valor, realizada pela Modernidade, a um só tempo se caracterizou por, de um lado, desnudar a falsa de consciência histórica de filósofos que viram a proposição "de um 'é' não se segue um 'deve'" como uma condição

---

que estejamos equipados com uma sólida filosofia da psicologia" (ANSCOMBE, G. E. M. Modern Moral Philosophy. *Philosophy*: The Journal of the Royal Institute of Philosophy, v. 33, n. 124, Jan. 1958, p. 1-19).

lógica *universal* e, de outro, subtrair das sociedades os critérios mesmos que possibilitavam genuíno acordo em debates morais. Ou seja: continuamos usando os mesmos termos de outrora, como "obrigação", "dever", "direitos", "bom", "mau", "injusto" etc., mas todos despidos do contexto que lhes dava significado. Esses termos, embora "sobreviventes", perderam a clareza, e, uma vez difundida essa filosofia nas práticas sociais dos séculos XVIII, XIX e XX, cada pessoa, em um individualismo moral caótico, passou a ver-se na prerrogativa de formular imperativos morais a partir da sua própria razão. Mas imperativos não são suscetíveis ao teste de verdade e falsidade, e tanto pior se forem extraídos por cada um a partir do esforço da própria razão. Em vez de "autonomia", a Modernidade legou-nos "anomia".

E aqui reside o ponto central do racionalismo vulgar de Streck – em particular, a equivocadíssima interpretação que ele faz do pensamento de MacIntyre. Segundo MacIntyre, o cenário de caos moral é a característica pujante do século XX em todas as nações ocidentais que foram bombardeadas pelo *emotivismo* derivado do pensamento iluminista. Streck certamente está ciente disso, mas, de modo inexplicável, examina a "analítica" e "compromissória" Constituição brasileira de 1988 – elaborada *dentro* desse contexto já estabelecido de anomia moral – como se se tratasse do documento político jurídico capaz de, no Brasil do século XXI, conduzir-nos a um cenário de objetividade moral típico de tradições e contextos medievais.

Esse é um sonho ingênuo e uma distorção inaceitável do que diz MacIntyre. Pois ele, no decorrer de todo o seu livro, critica de forma contundente as "ficções conceituais" que foram criadas pela modernidade e que são utilizadas como mera retórica por uma das "personagens" centrais desse período: o burocrata. E uma das ficções conceituais é, precisamente, a ideia de "direitos". No capítulo VI da obra *After Virtue*, MacIntyre critica expressamente Dworkin, herói teórico de Streck e dos demais pós-positivistas nacionais, pelo fato de o autor americano defender a "existência" de tais direitos. Afirma, sem rodeios, que acreditar na "existência" de tais direitos é a mesmíssima coisa que acreditar em "bruxas e unicórnios". MacIntyre critica, ainda, expressamente a Declaração de Direitos Humanos da ONU, de 1949, por ter possibilitado que a

Organização das Nações Unidas não apresente "boas razões para quaisquer asserções" que eventualmente faça.

Mas nada disso demoveu Streck de entender que MacIntyre seria um grande aliado de seu pós-positivismo hermenêutico. Nada o demoveu da ideia de que, suponhamos, MacIntyre leria com entusiasmo e aprovação a Constituição de 1988, com seus 250 artigos adensados com rol numeroso de "direitos" conflitantes. Aparentemente, não interessa a Streck que aquilo que ele tanto aprecia – Dworkin e extensas declarações de direitos – sejam precisamente os exemplares da perda de contexto e da perda de clareza que MacIntyre com tanto rigor denuncia.

Isso reforça um dos problemas aqui já comentados do pós-positivismo nacional: o erro de foco. O racionalismo vulgar de Streck leva-o a defender que devemos seguir "tradições" – como se essas tradições fossem as mesmas teorizadas por autores como MacIntyre – e que tais tradições, mimetizadas na leitura de Heidegger e Gadamer, nos forneceriam a chave para o alcance de respostas corretas no Direito. Mas daí surgem dois problemas. Primeiro: o apelo genérico e factual a "tradições", no Brasil, não faz sentido a não ser que se queira levar adiante coisas como o patrimonialismo, o clientelismo e o autoritarismo típico da nossa história.[93] Segundo: tampouco faz sentido o apelo a "tradições" em sentido jurídico-constitucional, já que, na acepção dada por MacIntyre, "tradições" como as almejadas por Streck não são dedutíveis de um documento jurídico infestado por "ficções conceituais" modernas como "direitos".

Streck tem razão em afirmar que outros setores do pós-positivismo nacional, como a própria teoria de Barroso, estão presos às concepções modernas que criaram, em primeiro momento, as condições de possibilidade para a instauração da incomensurabilidade conceitual de nossos tempos. Mas Streck não percebe que *a Constituição de 1988 é parte desse problema*. O desenho institucional da Constituição de 1988 foi, de cabo a rabo, influenciado pela força cultural do *emotivismo* moderno. Essa seria a denominação que o próprio MacIntyre, bem compreendido, daria à ampliação

---

[93] Para considerações a respeito da indevida confusão entre conservadorismo político e realismo autoritário, cf. o tópico "Rejeição do conservadorismo" no capítulo 1.

do que ele considera como usos retóricos de ficções conceituais como "direitos" por parte de "personagens" em autoengano como "burocratas".

O caráter "analítico" e "compromissório" da Constituição de 1988 é a confissão peremptória de que MacIntyre estava certo quando diagnosticou que a modernidade, no século XX, havia produzido incomensurabilidades incontornáveis, argumentos estridentes entre opositores, "farisaísmos indignados" de protestos por "direitos" e conflitos movidos por pessoas e grupos contaminados por critérios subjetivistas e descontextualizados de "legislação racional" sobre o que consideram ser certo ou errado. Tantos grupos opostos, todos com suas convicções morais e aspirações políticas, concordaram ao menos em um ponto: por garantia, "minha" visão de mundo deve estar prevista na Constituição. E, como passe de mágica, foi transportada a incomensurabilidade conceitual dos embates concretos para o topo da pirâmide jurídica, com constituintes que, por todos os trabalhos, pisavam em ovos clamando por "equilíbrio" entre as mais discrepantes injunções morais – cada qual descontextualizada a seu modo – e com texto constitucional aprovado que, segundo excelente e lúdico resumo de Barroso, só não traz a pessoa amada em três dias.

Pode até ser correto, no plano das aspirações do Direito democrático, que, como aponta Habermas na obra *Facticidade e validade* e concorda Streck, princípios não se devam confundir com valores, mas uma Constituição com a textura do documento de 1988, produto de séculos de maturação e consolidação do emotivismo, elimina quase que por completo, no plano da argumentação prática, qualquer distinção possível entre deontologias baseadas em tradições estabelecidas – coisa que a modernidade nos tolheu – e meras preferências pessoais disfarçadas por construtivismos genuinamente "manipuladores" – para usar a expressãode MacIntyre.

Se a Constituição de 1988 é parte do caso emotivista moderno, o máximo que uma teoria prescritiva do Direito brasileira pode fazer, enquanto um retorno improvável a curto prazo a concepções aristotélico-tomistas não ocorre, é fomentar algo como um procedimento de redução de danos. Seguindo essa linha, MacIntyre, em expressa crítica à metodologia objetivista-principiológica de

Dworkin, sustenta que a função de Cortes Supremas,[94] em cenários emotivistas, é a de atuar, sobretudo, como "um órgão pacificador ou de manutenção da trégua, negociando através de um impasse de conflito, e não invocando nossos primeiros princípios morais comuns. Pois a nossa sociedade como um todo não tem nenhum".[95]

Trazido ao contexto brasileiro, isso sugere que devemos, por um lado, preferir metodologias hermenêuticas baseadas na ideia de *equilíbrio* entre *todos* os interesses e *todos* os direitos e deveres constitucionais conflitantes e, por outro, celebrar métodos conciliatórios de resolução de conflitos inclusive em contextos, como no âmbito de ações concentrado-abstratas de constitucionalidade, nos quais tradicionalmente tais métodos são temidos sob a alegação de conduzirem a perdas na efetivação de direitos.

Ou seja: dificilmente seria uma boa ideia sustentar que a contenção de danos advindos de uma Constituição emotivista como a brasileira resultaria do encorajamento de *mais* argumentação moral pretensamente objetivista por parte de ministros do Supremo Tribunal Federal em número crescente de ADPFs, ADIs ou ADOs, sob a capa manipuladora de "princípios" já picados por intuicionismos disfarçados. Mas, fazendo coro ao diagnóstico de MacIntyre de que os filósofos vitimados pela perda de contexto moderna são os seres mais iludidos que já pisaram neste planeta, essa continua a ser a esperança de grande parte do pós-positivismo nacional.

Lamento estragar festa tão duradoura: isso coloca o pós-positivismo brasileiro na posição de lapidada expressão teórica e dogmática do epopeico emotivismo moral de nossos tempos. Pois, segundo MacIntyre, a característica fundante do emotivista moderno não é, apenas, o uso de termos morais desprovidos do contexto que outrora lhes deu sentido, como, igualmente, combinado com isso, a alegação recorrente – por vezes estridente – de acesso privilegiado a critérios impessoais e objetivos capazes de, em tese, pôr fim à incomensurabilidade moderna.

O pós-positivismo nacional é o palco em que se aprazem juristas que, cumulativamente, 1) ignoram integrar o cenário de perda de

---

[94] Uso, aqui, sem maiores rigores analíticos, os termos Cortes Supremas e Cortes Constitucionais, dada a inutilidade da distinção para os fins do argumento deste tópico.
[95] MACINTYRE, Alasdair. *Depois da virtude*. Campinas: Vide Editorial, 2021. p. 365-366.

contexto do vocabulário moral; 2) veem-se na prerrogativa de depositar fé inabalável em suas próprias credenciais intelectivas, argumentativas e dogmáticas, a ponto de solidificarem crença sincera de estarem aptos a alcançar respostas jurídicas indiscutível e objetivamente melhores do que as rivais em virtualmente todos os casos moral e politicamente sensíveis; e, 3) após grito unilateral de vitória sobre o adversário argumentativo, sustentam que tais respostas jurídicas, por serem objetivamente corretas dentro da cosmovisão principiológica da Constituição de 1988, legitimam, em nome de descrição radicalizada e engessada do núcleo essencial de algum direito fundamental pré-selecionado, atuações substantivas cada vez mais ambiciosas da jurisdição constitucional. Essa é a melhor explicação para o que fazem, entre tantos outros, Barroso e seu papel iluminista do STF, Streck e seu DNA Constitucional com cognitivismo moral, e Iotti e seu dirigismo constitucional baseado em argumentos de princípio.

4.3 Justiça de conto de fadas

Pós-positivistas nacionais dizem ter sido influenciados por autores estrangeiros como Ronald Dworkin, um destacado representante do liberalismo igualitário. Se compreenderam ou não adequadamente os escritos desses autores estrangeiros, trata-se de questão aberta a debate. Como já dito neste trabalho, entendo que, por aqui, partes importantes foram distorcidas – como, por todas, a parte que atribuiria a Dworkin a tese de que juízes devem ter *mais* discricionariedade judicial.

Seja como for, se críticas convincentes servem para minar as teorias igualitárias de filósofos como Dworkin e Rawls, por óbvio tais críticas, com muito mais força, aplicam-se a vulgarizações de tais teorias. Tão importante quanto: para o que nos interessa neste tópico, a *mentalidade* de fundo, isto é, a esperança em ideais abstratos, é a mesma. Daí ser interessante trazer ao público brasileiro os ácidos – e corretos – ataques de John Kekes ao liberalismo igualitário em obras como *A Case for Conservatism*, *Against Liberalism*, *The Illusions of Egalitarianism* e *The Roots of Evil*.

Desde logo, uma curiosidade. Antes mesmo de conhecer Kekes, critiquei, em meados da década de 2010, os pós-positivistas brasileiros por terem, sobretudo na fase da euforia, inaugurado um clube de compadres universitários que, no final das contas, tinham divergências políticas meramente intersticiais, uma oposição aqui e outra acolá, sem qualquer consideração adequada sobre desafios sérios advindos de outras visões de mundo que *realmente* contrariassem suas teorias. Pior, ainda segundo argumentei, esse clube de compadres universitários baseava-se em premissas romantizadas, ora conducentes à formulação de ideais vagos de "iluminismo" moral (Barroso), ora a exigências de que autoridades jurídicas seguissem a tese do dirigismo constitucional a par de mistura filosoficamente hermética (Heidegger, Gadamer, Dworkin, MacIntyre etc.) construída como forma de blindagem retórica contra eventuais contra-ataques argumentativos (Streck).

Kekes parece ter percepção em alguma medida assemelhada quanto a liberais igualitários como Ronald Dworkin e John Rawls, que correspondem à parcela dos mascotes intelectuais dos pós-positivistas brasileiros:

> Essas teorias [igualitárias] são criticadas, revisadas e desenvolvidas por outros pensadores igualitários, dando a aparência de fermento intelectual, mas o que de fato acontece é que aliados políticos unidos por um ideal compartilhado discutem detalhes sem formularem perguntas fundamentais. Eles escrevem livros sobre os livros de cada um dos outros, e a maioria de seus artigos é sobre outros artigos de cada um deles, enquanto concordam com os supostos erros e o ideal que os eliminaria. Todo esse trabalho frenético repousa na ilusão de que a maneira de melhorar arranjos políticos ruins é fazê-los conformar cada vez mais de perto com um ideal. Essa ilusão é falsa; ela acarreta uma abordagem perigosamente utópica da política; e as teorias ideais que se edificam sobre essa ilusão são historicamente uniformes, politicamente impraticáveis, e moralmente inaceitáveis porque ignoram as verdadeiras condições de sociedades particulares. Tais teorias são contos de fadas, mas, ao contrário daqueles para crianças, conto de fadas não benignos.[96]

Segundo Kekes, apelos a construções idealistas permitem que seus defensores ignorem fatos que desafiam a teoria. O raciocínio é mais ou menos este: se no mundo real existem fatos que contrariam a "minha" construção teórica, isso não significa que "minha" construção teórica talvez deva ser revista para explicar e lidar melhor com tais

---

[96] KEKES, John. *The Illusions of Egalitarianism*. London: Cornell University Press, 2007. p. 188.

fatos, e sim que o mundo real tem falhado em alcançar o ideal traçado pela "minha" teoria. Por conseguinte, teorias passam a ter existência autônoma, independente e, para todos os efeitos, regulativa, sob a escusa de se tratar de uma "teoria normativa", e não "descritiva".

Nesse aspecto, um dos erros fatais de teorias liberais igualitárias é a brutal discrepância com descrições adequadas da realidade. Kekes refere-se às articulações práticas de tais construções teóricas como "política das ilusões", pois não se baseiam em crenças derivadas da observação de como as coisas geralmente acontecem no mundo real, e sim em sentimentos que confortam os próprios teóricos ante a hipótese contrafática argumentativamente construída de que, se suas ilusões fossem verdadeiras, o mundo seria ou se transformaria em um lugar melhor.

No livro *The Illusions of Egalitarianism*, Kekes aponta, por exemplo, que liberais igualitários, embora tenham criado teorias abrangentes e ambiciosas, costumam não justificar premissas de que partem. Rawls abriu sua obra magna *A Theory of Justice*, de 1971, com a afirmação contundente de que a justiça é a primeira virtude das instituições sociais, sem, no entanto, explicar o *porquê* da escolha desse valor como abstratamente superior a valores concorrentes, como paz, prosperidade, ordem, segurança, equilíbrio ambiental, dentre tantos outros, tampouco o *porquê* de *um* valor específico ter de ser escolhido como abstratamente superior a todos os demais, em oposição ao reconhecimento, apoiado por Kekes, de que, em verdade, a justiça é apenas uma dentre muitas outras virtudes igualmente necessárias para a construção e manutenção de instituições decentes e funcionais. Dworkin cometeu erro parecido na obra *A virtude soberana* ao simplesmente assumir que a igualdade de tratamento deve ser compreendida como igualdade de recursos e confessar explicitamente que não daria nenhum argumento em favor dessa concepção no inteiro teor do livro. Mesmo assim, viu-se autorizado a realizar, por mais de cem páginas, um "exercício de fantasia" (termo de Kekes) sobre um sistema imaginário de securitização em uma ilha deserta. Segundo Dworkin, tal modelo abstrato, imaginado em filosofia de poltrona, poderia servir de tipo ideal para a arquitetura de instituições políticas e econômicas e políticas do mundo real, embora sob a explícita confissão de ser impossível prever as consequências práticas da respectiva implementação.

Para além de indevidas hierarquizações abstratas e de estilos filosóficos brutalmente subjetivistas, Kekes aponta outro equívoco do modo de pensar de autores como Rawls e Dworkin: suas teorias costumam assumir que as pessoas são predispostas à realização do bem, e não do mal. Mais do que isso: supõem que essa credencial genérica as torna elegíveis, por padrão, a sentimentos coletivos de piedade e caridade. Todavia, a fé otimista conduz tais teorias a cegarem-se para casos em que as misérias pessoais não são explicadas por falhas estruturais da sociedade ou das instituições, e sim pela consequência previsível de más escolhas motivadas por imprudência, imoralidade, desvios individuais de caráter ou simples perversidade.

Contra o otimismo baseado em princípios abstratos, Kekes, voltando a Aristóteles, propõe que o ideal de justiça seja reaproximado das contingências da vida. Kekes não recai no erro oposto de presumir que os seres humanos são maus por natureza: ao contrário, reconhece que nós somos seres *ambivalentes*, e que a virtuosidade ou não de nossos comportamentos depende tanto de fatores sociais como de fatores individuais relacionados a *como* nós internalizamos os ensinamentos do *ethos* social e a *como*, na condição de agentes racionais, nós elegemos os bens desejados, deliberamos sobre as alternativas e oportunidades para alcançá-los, escolhemos qual ação praticar e, enfim, exercitamos a nossa capacidade de entendimento:

> O erro básico da visão de Rawls é que ela supõe que o que as pessoas merecem depende de princípios de justiça, quando, em verdade, a justiça dos princípios depende de saber se eles asseguram às pessoas o que elas merecem. Mérito é tão primordial quanto a própria justiça porque é um elemento constitutivo necessário da justiça. Uma visão de justiça não pode ser aceitável se falha em reconhecer a conexão essencial entre justiça e merecimento e se falha em avaliar os princípios de justiça sob a ótica de sua propensão de assegurar que as pessoas recebam o que merecem. Uma visão de justiça que não reconheça a centralidade do mérito é como uma visão de competição que não reconhece a centralidade de vencer e perder.[97]

Em outros termos, Kekes reabilita a ideia aristotélica de justiça como merecimento (*justice as desert*) e de racionalidade prática como

---

[97] KEKES, John. *The Illusions of Egalitarianism*. London: Cornell University Press, 2003. p. 43

um tipo de conhecimento discursivo que permite, ao mesmo tempo, que o agente se oriente no mundo e seja avaliado pelas suas próprias obras. Por questão de racionalidade e moralidade, o modo pelo qual as pessoas devem ser tratadas, nesse sentido, deve levar em consideração não apenas, ou, ainda, não de modo necessariamente preponderante, presunções artificiais de que as pessoas merecem, por padrão e em abstrato, igual consideração e respeito,[98] como também fatores como qualidade de caráter e responsabilidade por decisões e ações passadas. Isso conduz Kekes a criticar autores como Rawls e Dworkin por proporem políticas públicas que invertem ordens de prioridade sobre o que é realmente necessário para o florescimento de boas sociedades, por encorajarem sistemas de redistribuição de renda que beneficiam de modo igualitário pessoas honestas e pessoas perversas, e por recearem em admitir – se é que genuinamente admitem – que a punição criminal *severa* de pessoas que recorrente e previsivelmente praticam ações maléficas constitui mecanismo importante em sociedades bem ordenadas. Em suma, o liberalismo igualitário não fornece medidas adequadas para necessidades sociais prementes dos dias contemporâneos, como a justa redistribuição de riqueza e o combate efetivo à criminalidade.

Por tudo o que já foi descrito neste livro sobre o pós-positivismo nacional, e por tudo aquilo que ainda será dito no tópico seguinte sobre combate à criminalidade e no tópico sobre "inconstitucionalismo", é razoável sugerir que as críticas de Kekes direcionadas a Dworkin e Rawls são aplicáveis, com muito mais razão, àquilo que temos feito por aqui. O pós-positivismo brasileiro, desde sua origem, foi o maior conto de fadas teórico de toda a história do constitucionalismo brasileiro. A um só tempo, potencializou os belos sonhos políticos progressistas de todas as teorias que o influenciaram e municiou juristas e autoridades jurídicas, em grau nunca antes visto, e, arriscaria dizer, nunca sequer cogitados pelo próprio Dworkin, com extenso

---

[98] Claro, liberais igualitários constroem a presunção de que pessoas merecem, por padrão, igual consideração e respeito predicando-a, logo a seguir, com o epíteto "desde que haja boas razões em contrário". O argumento de Kekes é que, do ponto de vista moral, essa presunção, construída a partir de inversão artificial do que a ética aristotélica propugnava, não faz nenhum sentido, já que as exceções (derivadas do fato notório de que pessoas são diferentes entre si em temperamento, motivação, caráter, personalidade, inteligência, raciocínio prático etc.) superam a regra.

repertório de trejeitos linguísticos de natureza eminentemente retórica destinados a disfarçar com o suposto selo da "juridicidade" insatisfações pessoais com escolhas de representantes eleitos pelo povo.

Com efeito: o pós-positivismo brasileiro dobrou a aposta de abstração e idealismo quando se viu na prerrogativa de por vezes afirmar coisas que Dworkin jamais sustentou, como que princípios "abrem" a interpretação jurídica ou que estaríamos em um cenário de "mais princípios do que regras".[99] A aposta foi dobrada, igualmente, por pós-positivistas que rechaçam a referida "abertura" principiológica e juram lutar contra discricionariedades judiciais, como Streck. Como dito no tópico anterior, ao enxergar a teoria da decisão *judicial* como o meio adequado para fazer frente a uma Constituição de cunho escandalosamente emotivista e ao endossar ajuizamentos de ADPFs ou ADIs em vários casos polêmicos sobre direito penal, direito processual penal e execução penal, Streck demonstra, nos termos explanados por MacIntyre, ter o sentimento de fecho típico da triste personagem iludida da modernidade: a sensação de estar ombreado com verdades morais substantivas que o tornam, ao mesmo tempo, arguente e decisor, parte e juiz, proponente e autodeclarado vitorioso, sobre o que é ou não a melhor interpretação substantiva da Constituição de 1988.

4.4 Inconstitucionalismo

Um dos sintomas mais graves da difusão do vocabulário do pós-positivismo brasileiro nas universidades e nos Tribunais foi este: perdemos, em grande medida, a capacidade de raciocinar sobre mudanças legislativas a partir da lógica do desejável e do indesejável, do oportuno e do inoportuno, do proveitoso e do estúpido, do *de lege lata* e do *de lege ferenda*. Praticamente todo o debate sobre o acerto e erro de medidas legislativas foi deslocado, em automático, para

---

[99] Perceba: havia e há quem sustente que a interpretação jurídica em casos difíceis deve levar em consideração um balanceamento de *interesses*. A ressalva é necessária porque a categoria *interesses*, ao menos, acode a um referencial prático e real descritível. A categoria dos *princípios*, por sua vez, ao menos como sugerida por parte do pós-positivismo nacional – e, no ponto, Streck ao menos tentou remediar essa deficiência –, por natureza remete a um "estado ideal de coisas".

a avaliação direta de constitucionalidade e inconstitucionalidade materiais do ato normativo, bastando para tanto selecionar e radicalizar alguma descrição específica dos incontáveis princípios abarcados pela extensa Constituição brasileira.

Como vimos, a canalização das alegações de inconstitucionalidade em ações diretas perante o STF constitui uma das resultantes do desenho institucional da Constituição de 1988 e do correspondente aumento das avenidas de contestação política de normas jurídicas. Diante disso, até que haja alguma modificação na própria Constituição acerca dos legitimados e do cabimento de ações diretas – o que certamente seria reputado pelos pós-positivistas como... inconstitucional –, é legítimo do ponto de vista jurídico o emprego dos instrumentos previstos na Constituição e em lei ordinárias, com o debate respectivo sobre validez ou invalidez material. *De lege lata*, faz parte do jogo. *De lege ferenda*, seria conveniente repensar, com o objetivo de reequilibrar a harmonia entre os Poderes.

O que contesto, neste tópico, não é o desenho institucional, e sim a mentalidade e os incentivos ultrajudicializantes fornecidos pela dogmática pós-positivista. Teorias normativas divergentes sustentam graus diversos de legitimidade para a grave afirmação de que uma lei aprovada nas grandes assembleias de representantes do povo, após inúmeros procedimentos internos, é "inconstitucional". Comparativamente a seus rivais teóricos (positivismo ético-normativo, originalismo, minimalismo, populismo constitucional, conservadorismo e mesmo versões estrangeiras do não positivismo), o *standard* de exigência do pós-positivismo brasileiro para a declaração de inconstitucionalidade é um dos menores, senão o menor: basta contrariedade ao conteúdo de algum princípio cuidadosamente formatado por certos professores universitários para não admitir, no seu âmbito de proteção, reais divergências políticas e econômicas vindas de propostas consideradas "conservadoras".

Bem avaliado, o pós-positivismo brasileiro é uma teoria inconstitucionalista, e não constitucionalista. É um *modus operandi* intelectual direcionado ao congelamento de certas premissas políticas e morais e à acusação ostensiva de inconstitucionalidade para tudo o que as contrarie. É uma ode à inconstitucionalidade, via abrigos de mármore do Poder Judiciário, de tudo aquilo que não seja de agrado de certas elites progressistas. O legislador restringiu direitos trabalhistas? Inconstitucional. O legislador revogou algum benefício da execução penal? Inconstitucional. O legislador previu sanção penal para porte de drogas para consumo pessoal? Inconstitucional. O legislador flexibilizou regras de posse de arma de fogo para defesa pessoal? Inconstitucional. O legislador deixou de criminalizar homotransfobia? Inconstitucional. O legislador previu execução da pena em condenações superiores a quinze anos de reclusão pelo tribunal do júri? Inconstitucional. O legislador insiste na criminalização do aborto? Inconstitucional.

Fundamentalismo dogmático, elitismo epistêmico, sincretismos metodológicos, menosprezo intelectual por visões concorrentes e demonstrações intempestivas de erudição tóxico abundam nas alegações pós-positivistas de que leis de caráter conservador devem ser declaradas inconstitucionais *tout court*. Nessa linha, legisladores são enxergados como autênticos intérpretes constitucionais, genuínos escolhedores do princípio X sobre o princípio Y, apenas quando o conteúdo das leis aprovadas coincide com algum parâmetro de moralidade progressista pré-pronto, mas não quando existe real divergência entre o conteúdo da respectiva lei e os princípios selecionados como prevalentes pelo próprio setor pós-positivista.

4.5 Princípio da vedação ao retrocesso social como engessamento constitucional à imagem e semelhança de professores universitários progressistas

Sempre que vejo a sistemática e apaixonada acusação do pós-positivismo brasileiro à "inconstitucionalidade" de virtualmente todas as posições que lhes parecem filosófica ou politicamente atrasadas uma pergunta logo me vem à mente: caso alguém discorde da visão pós-positivista, a única saída é que lidere súplicas políticas por um novo Poder Constituinte Originário? É esse o ônus que os pós-positivistas querem suportar?[100]

---

[100] Um pós-positivista brasileiro imaginário poderia contra-argumentar que não necessariamente a rotulação de inconstitucionalidade significa sugestão de apelo à nova

Em determinados casos, pode ser que as respostas às duas últimas perguntas sejam positivas. Aquele que, por exemplo, deseja a pena de morte em tempos de paz não teria outro caminho a seguir. Mas, sob o império de Constituições feitas para ostentar vida longa, o grau de estímulo a reivindicações de novo Poder Constituinte Originário admitido por teorias constitucionais deveria ser infinitamente menor do que o grau de estímulo à resolução das divergências políticas e morais por intermédio dos instrumentos formalizados de reforma às leis ordinárias e à Constituição vigente. Em teorias constitucionais realistas e genuinamente preocupadas com a durabilidade e estabilidade do sistema jurídico democrático, o elogio à capacidade catalizadora das casas legislativas deve suplantar a vontade, por vezes dominada pelo radicalismo ideológico, de tudo resolver, em última palavra, pela via da argumentação moral "inconstitucionalizante" do Poder Judiciário.

O pós-positivismo nacional sempre teve por característica estimular a argumentação moral de magistrados quando as formas jurídicas existentes lhes parecem inconvenientes ou estúpidas. Nas hipóteses de desacordos políticos e morais sensíveis tais estímulos se mostram com maior nitidez. Basta uma mutação constitucional aqui ou ali, basta uma filtragem, basta o enfoque em determinada descrição particular do princípio da dignidade humana ou eventual radicalização dirigista e de planejamento econômico quanto ao objetivo fundamental de extirpar a pobreza e as desigualdades sociais. Mas talvez nenhum princípio ilustre melhor a lógica pós-positivista brasileira do que o apelo à proibição de retrocesso.

O princípio da vedação ao retrocesso social é a pedra de fecho de toda retórica do pós-positivismo brasileiro. Com ele, autores de linhagem progressista, incorporando vocabulário do direito internacional e da experiência comparada portuguesa e alemã, obtiveram

---

constituinte. Poderia afirmar, por exemplo, que caberia à parte adversa, contra a qual recai a acusação de sustentar posicionamento inconstitucional, comprovar no decorrer do tempo alguma alteração fático-substantiva relevante, de modo a justificar, no futuro, releitura da interpretação inconstitucionalizante – em algum tipo, digamos, de mutação constitucional. Mas, se estiver correto meu diagnóstico de que pós-positivistas nacionais costumam caminhar pelos pomares quase metafísicos do objetivismo moral estridente, também esse contra-argumento, cá entre nós, estaria picado pela insinceridade. Isso ficará mais claro no decorrer deste tópico.

sucesso em entrincheirar na dogmática constitucional uma carta-coringa à qual podem apelar, em desmedida amplitude,[101] sempre que políticas consideradas conservadoras ousam adquirir maioria no Poder Legislativo. Se uma lei contrária à visão moral ou econômica dos pós-positivistas vem a ser publicada, basta que alguém suscite perante o Supremo Tribunal Federal que a referida lei representa retrocesso social, já que, conforme consagrada lição de Luís Roberto Barroso na obra *O Direito Constitucional e a Efetividade de suas normas*, "se uma lei, ao regulamentar um mandamento constitucional, instituir determinado direito, ele se incorpora ao patrimônio jurídico da cidadania e não pode ser absolutamente suprimido".[102]

Com a difusão dogmática da vedação ao retrocesso, para progressistas a derrota no Poder Legislativo nunca constitui verdadeira derrota. Sempre se mostra viável um terceiro turno via ação direta perante onze juízes que, a depender da composição, podem ser mais facilmente persuadidos, pois já foram criados e treinados, desde a década de 1990, exatamente dentro do papo de princípios e do dirigismo constitucional pós-positivista. Na prática, quem alega ofensa à vedação ao retrocesso está a afirmar que, mesmo diante da extensão e dos inúmeros conflitos normativos entre princípios, apenas a visão dele próprio respalda-se de legitimidade constitucional. No limite, seguindo à risca a lógica, apenas uma nova Constituição poderia admitir propostas consideradas retrógradas por pós-positivistas.

Logo se vê que o princípio da vedação do retrocesso deixa-se aferroar pelo espinho do racionalismo vulgar: nas entrelinhas, pós-positivistas progressistas estão a sustentar não apenas que eles já têm em mente uma sociedade justa e idealizada, como também que somente eles sabem o correto percurso para alcançá-la. Eis a política da fé comentada por Oakeshott em seu mais angustiante

---

[101] Histórico defensor do princípio em análise, Ingo Sarlet, desde edições mais antigas de sua obra *A eficácia dos direitos fundamentais*, não deixou de ressaltar que a proibição de retrocesso não pode ser encarada como regra geral de cunho absoluto, sob pena de conduzir a uma espécie de "transmutação" das normas infraconstitucionais em direito constitucional, com prejuízo ao desenvolvimento deste. Trata-se de breve concessão acadêmica sem correspondência nas estratégias reais de pós-positivistas nacionais, os quais não se demoram a usar tal princípio em virtualmente qualquer assunto mais sensível do ponto de vista moral e político.

[102] BARROSO, Luís Roberto. *O Direito Constitucional e a efetividade de suas normas*. 5. ed. Rio de Janeiro: Renovar, 2001. p. 158.

estado: leis ordinárias só ostentarão validade jurídica se estiverem em fino acordo com *standards* quase metafísicos construídos por setores específicos de professores universitários. Trata-se de crença inabalável de estar ombreado com verdades morais, em um tipo de hermetismo psicológico que não admite divergências reais – ou que ao menos as toma como tão equivocadas e tão mesquinhas a ponto de não admitir qualquer margem de adequação constitucional.

Não seria exagero afirmar que o princípio da vedação do retrocesso social, do modo ambicioso em que tem sido aplicado por alguns, compõe-se do subprincípio, perdoem-me a petulância, de que "nada é bastante para quem o suficiente é pouco". Pois por maiores que sejam as tentativas dos adversários políticos e morais dos pós-positivistas progressistas, por maiores que sejam os dados empíricos e os argumentos de princípios concorrentes suscitados, tais tentativas jamais serão consideradas suficientes para superar a visão já engessada, no ponto de partida, como correta.

Não deixa de ser uma estratégia retórica inteligente. Pós-positivistas progressistas, amparados por radical fé em seus próprios raciocínios morais, sabem que no fundo jamais serão convencidos por argumento contrário. Eles já têm um projeto.[103] Eles já têm uma agenda. Eles já têm reputação em um grupo. Eles de alguma forma já conseguiram martelar em diamante a Verdade ética. Eles já olham seus debatedores de cima para baixo. Ostentando postura que faria realistas jurídicos corarem-se de orgulho por estarem corretos, pós-positivistas nacionais já têm plena ciência do resultado interpretativo que consideram inegociável e não se envergonham em buscar ou inventar pelo caminho os princípios que sejam necessários para pavimentar a ponte até o ponto de chegada.

---

[103] Exemplo de projeto pós-positivista e progressista a ser implementado estrategicamente pelo Poder Judiciário foi explicado por Barroso em entrevista concedida à BBC em 2015, quando já era ministro do STF. Ali, Barroso defendeu que a "melhor solução" a "médio e longo prazo" para o problema do tráfico ilícito de drogas seria, "em tese", "legalizar todas [as drogas] para quebrar o poder do tráfico, que advém da ilegalidade". Logo após, ponderou, todavia, que "você não pode começar com uma medida assim radical", que "tem que avançar aos poucos", "legalizar a maconha e ver como isso funciona na vida real" e, "em seguida, se der certo, fazer o mesmo teste com outras drogas". Segundo Barroso, a "ideia de não descriminalizar tudo não é uma posição conservadora. É uma posição de quem quer produzir um avanço consistente, sem retrocesso, não um avanço sem base". Entrevista disponível em https://www.bbc.com/portuguese/noticias/2015/09/150914_drogas_barroso_ms.

Com isso, três consequências imediatas favorecem apenas um dos lados do embate:
1) leis que eventualmente se adequem às visões morais de pós-positivistas progressistas jamais serão sabatinadas à luz da vedação do retrocesso, pois eles, por padrão, já se colocam de início em posição intelectual e moral de árbitros sobre o que conta ou não como retrocesso. Isso equivale a dizer que o princípio da vedação ao retrocesso impõe uma guerra político-argumentativa assimétrica no mundo político e jurídico: apenas visões conservadoras ou liberais econômicas submetem-se ao fardo de terem de se provar valiosas e legítimas. Mas o procedimento mesmo de apresentação de provas é ilusório, pois nenhum argumento ou evidência é capaz de abalar as estruturas das intocáveis certezas morais progressistas;
2) pós-positivistas podem inverter o ônus da prova sem que a maioria dos juristas consiga perceber tal sutileza. Uma lei ordinária posterior, de cunho conservador, que revogue lei progressista anterior logo será conduzida ao Supremo Tribunal Federal sob o argumento de violar a vedação de retrocesso. Falar-se-á na petição inicial que o Poder Legislativo e eventuais teóricos endossadores não conseguiram "comprovar" de forma razoável que a lei nova trará benefícios sociais, e que isso constitui razão para sua inconstitucionalidade e consequente repristinação da legislação anterior. Mas a legislação anterior certamente não terá, ela mesma, sido objeto de análise perante o princípio da vedação de retrocesso (pois, como dito, progressistas reputam-se como árbitros últimos sobre o que conta ou não como retrocesso) e a lei nova será julgada como se já ostentasse, no nascedouro, presunção de inconstitucionalidade, em inversão da lógica comum da presunção de constitucionalidade. A um só tempo, o princípio da vedação do retrocesso serve para desincumbir leis de início consideradas progressistas de terem de ser submetidas à apreciação de efetivo valor social, para desobrigar progressistas de apontarem no bojo de suas ações diretas contra inovações conservadoras ou liberais econômicas os reais – e não imaginados – benefícios

sociais que a vigência da lei progressista proporcionou e para colocar sobre o adversário político o ônus total de comprovar que a legislação progressista vigente não trouxe reais benefícios sociais e que a mudança legislativa intentada o fará. Em passe de mágica, quem alega a inconstitucionalidade se vê no melhor dos mundos: livra-se do dever de comprovar que a legislação revogada foi realmente benéfica e atribui a outro fardos argumentativos que, como autor da ação de inconstitucionalidade, lhe caberiam;

3) em rigor, a prova exigida por pós-positivistas que invocam o princípio da vedação ao retrocesso ou se equipara, *ad absurdum*, à prova pré-constituída de um mandado de segurança, ou simplesmente à prova impossível. Pois alterações legislativas contundentes, de um modo X de pensar para um modo Y oposto, por natureza pressupõem tempo e estabilidade para mostrarem eventuais efeitos práticos. Em geral, é impossível *demonstrar*, de início, com prognoses detalhistas, qualquer benefício social, mas sim *indicar* quais são os benefícios sociais *esperados* à luz de análises mais ou menos escorregadias sobre os incentivos e inibições de conduta que o novo modelo encoraja.[104] Alterações legislativas abrangentes nutrem-se de incertezas e imprevisões e demandam justamente acompanhamento de resultados para exame subsequente acerca da necessidade ou não de correção de rumos – ou de simples revogação. Tudo isso é tolhido *prima facie* se algum teórico bate o martelo metafísico e, com sua altivez intelectual baseada em princípios abstratos, atesta desde logo que ali haverá sem sombra de

---

[104] Valem, aqui, as palavras de Hayek: "Por mais rigorosos que possamos ser em analisar de antemão cada ato legislativo, nunca somos livres para reformular completamente o sistema jurídico ou remodelá-lo de acordo com um projeto coerente, mas sem base na realidade. A elaboração de lei é necessariamente um processo contínuo, em que cada passo gera consequências até então imprevistas quanto ao que será possível ou necessário fazer a seguir. As partes de um sistema jurídico ajustam-se mutuamente não tanto conforme uma ideia geral abrangente, mas adaptadas gradualmente umas às outras pela aplicação sucessiva de princípios gerais a problemas particulares – isto é, princípios que muitas vezes nem sequer são explicitamente conhecidos, mas estão só implícitos nas medidas particulares que são tomadas" (HAYEK, Friedrich. *Direito, legislação e liberdade*: sobre regras e ordem. São Paulo: Faro Editorial, 2023. p. 87-88).

dúvidas retrocesso social.[105] Mesmo eventuais experiências de direito comparado devem ser consideradas como argumentos com força meramente relativa, incapazes de, por si só, conduzirem a uma inconstitucionalidade desde logo, pois a realidade constitucional brasileira em muito difere daquilo que habitualmente se aponta como paradigma de comparação. Qualquer alegação contrária à constitucionalidade da lei por parte de pós-positivistas progressistas obcecados pelo princípio da vedação de retrocesso geralmente se baseia em mera especulação sobre resultados futuros por eles considerados indesejados ou por eles considerados, em acepção radicalmente objetivista violadora do *standard* de desacordos razoáveis, moralmente incorretos.

Streck, por exemplo, já teve oportunidade de afirmar, em texto de 2017 intitulado "Rumo a Norundi, a bordo da CDI – Constituição Dirigente Invertida", que ações políticas que contrariem a tese do Dirigismo Constitucional, como a flexibilização de direitos trabalhistas, são automaticamente inconstitucionais. Trata-se de posição bem estabelecida dentre grande parte[106] dos pós-positivistas nacionais. A quadradura do círculo logo vem a ser implementada com reforço do âmbito conceitual, em procedimento mais ou menos com o seguinte teor: 1) a Constituição brasileira é "dirigente"; 2) quando uma política pública ou um direito vem a ser reconhecido pelo Poder Legislativo, a "conquista"/"soma" do novo direito

---

[105] Quando eu já estava em estágio avançado de revisão deste livro para publicação, Lenio Streck brindou-nos com mais um exemplar daquilo que discuto neste tópico. Sobre o projeto de lei que objetiva restringir o benefício de saída temporária nas execuções penais, Streck, seguindo à risca a exigência ilusória de "prognose" sobre benefícios sociais (com o subprincípio lúdico anteriormente apontado de que "nada é bastante para quem o suficiente é pouco", pois alguém acredita que alguma prognose o dissuadiria de sua convicção pré-formada?) e a vedação ao retrocesso como modalidade de engessamento constitucional, afirmou que a lei nasceria inconstitucional: "Por duas razões: primeiro, é inconstitucional por ausência de prognose. Não há qualquer elemento objetivo que demonstre que o sistema ou a sociedade tirará proveito dessa alteração. Lei sem prognose é lei nula. Segundo, fere o princípio da proibição de retrocesso social. Aquilo que já foi conquistado em termos de direitos e garantias em um estado democrático não pode ser retirado". Disponível em: https://www.conjur.com.br/2024-fev-14/fim-de-saida-temporaria-prejudica-a-funcao-penal-e-nao-reduz-criminalidade/.

[106] Com a notável exceção, como já enfatizado, especificamente de Barroso, que, apesar de defender a existência do princípio da vedação ao retrocesso social, não raro detém posição destoante dos demais pós-positivistas nacionais em termos de política econômica e restrição de direitos trabalhistas.

passa a ser protegida pelo âmbito de proteção do "princípio da vedação ao retrocesso social"; 3) qualquer tentativa desse mesmo Poder Legislativo de, posteriormente, restringir ou eliminar alguma dessa alegada conquista ou soma torna-se, por conseguinte, inconstitucional; 4) se o Poder Legislativo ignora o conteúdo de tal princípio e insiste em decidir coisa diversa, cabe ao Poder Judiciário, por simples "argumento de princípio", e considerando a "eficácia imediata de todos os direitos fundamentais", declarar a inconstitucionalidade da lei ou da emenda constitucional.

Mas, com o perdão da ousadia, o Dirigismo Constitucional é apenas uma dentre tantas outras teorias que buscam compreender a melhor forma de efetivar as disposições constitucionais – por exemplo, a ideia de Constituição Moldura aplicada no Brasil por Jorge Lavocat Galvão no livro *O neoconstitucionalismo e o fim do Estado de Direito*. Dirigismo constitucional não é uma cláusula de sobredireito e não se deixa deduzir, de modo simplesmente não problemático, da complexa, vaga e extensa normativa constitucional. Tal como construída, a tese e a prática nacional da Constituição Dirigente não só presume como verdade inflacionada, sem abrir espaço para contestação argumentativa e alteração política por procedimentos legislativos adequados, a afirmação de que a tutela dos direitos sociais só pode ser alcançada mediante planejamento econômico centralizado, ou de que certos direitos morais detêm como que uma prevalência argumentativa *ex--ante*, como desloca toda essa discussão para o Poder Judiciário e, em particular, para a cúpula centralizada do Supremo Tribunal Federal. Se compreendido como um padrão capaz de invalidar quaisquer leis ou emendas constitucionais, a tese do Dirigismo Constitucional manifesta-se como uma doutrina de moralidade política que serve para *corrigir* o direito posto à luz de convicções pessoais ou grupais acerca da desejabilidade da intervenção estatal na economia. Se uma reforma econômica me agrada, não a declaro inconstitucional. Se não me agrada, declaro-a, valendo-me dos conceitos de fecho ideológico (v.g. "vedação do retrocesso") criados pelo meu grupo particular.

A Constituição veda extremos à direita (v.g. anarcocapitalismo) e à esquerda (socialismo), mas não a luta da política ordinária para definir se, em dado momento, o esquema econômico e de efetivação de direitos sociais requer mais livre-mercado ou mais intervenção estatal. Caso sejam levados a sério conceitos como circunstâncias da política, jogos de linguagem, desacordos razoáveis e textura aberta da Constituição, nem a visão favorável ao dirigismo nem a visão liberal-econômica podem receber, desde já, o rótulo de inconstitucionais caso vençam o debate público realizado no âmbito do devido processo legislativo. Ambas representam escolhas políticas contingenciais, assentadas em controvérsias reais sobre questões políticas e econômicas. A despeito de serem consideradas opções defeituosas pelos grupos derrotados na disputa política, devem ser respeitadas até que, pela lógica majoritária do convencimento político e do ensaio e erro, a escolha seja alterada.

A bem da verdade, o Constituinte Originário de 1988 sabia disso. Caso contrário, não teria previsto, no art. 60, §4º, da CF/88, que mesmo cláusulas pétreas podem ser restringidas, desde que a medida restritiva *não "tenda"* – talvez um dos verbos mais menosprezados no debate nacional – *a aboli-las*. Mais do que a adesão a fantasias politicamente efetivas, o que a Constituição de 1988 exige, de forma objetiva, é que haja esforços conjuntos para que um padrão de dignidade humana obedeça, na medida das possibilidades fáticas e jurídicas, sem ignorar reveses, insucessos e retrocessos circunstanciais, a uma crescente a longo prazo, e não a uma espiral descendente. Seria bizarro imaginar que, pelo simples fato de serem tidos como conservadores e desagradarem as fundações ideológicas de certos professores de Direito influentes, uma Constituição tão ocupada com os direitos humanos como a de 1988 simplesmente vedasse determinados meios que, no percurso histórico, se provaram *razoáveis* para os fins propostos e, pelos votos de representantes legitimamente eleitos, alcançaram maioria legislativa para alcançar vigência jurídica.

4.6 Desacordos morais razoáveis como retórica de tolerância insincera

O grau de certeza e autoconfiança depositado pelos pós-positivistas nacionais em seus próprios "argumentos de princípio", de tão exagerado, acarreta não apenas o menosprezo pela arena política ordinária de debate de ideias, como também a completa blindagem de suas opiniões. Nessa gramática, desacordos razoáveis não existem; ou melhor, existem apenas como forma de pós-positivistas nacionais sinalizarem tolerância insincera para com quem pensa diferente.

Claro, você encontrará em livros de pós-positivistas nacionais, como nos trabalhos de Barroso, alguma concessão à ideia de que a Constituição de 1988 deve, em princípio, tolerar escolhas legislativas consideradas imorais por determinado grupo político, sob o fundamento de que grupos políticos diversos não têm o dever jurídico de necessariamente alcançar raciocínios jurídicos moralmente *corretos*, e sim meramente *razoáveis*. Mas o suposto reconhecimento de desacordos razoáveis logo vem a ser afastado pelo estreitamento artificial do âmbito da razoabilidade possível – razoável, enfim, é apenas aquilo que o próprio pós-positivista progressista argumenta.

Virtualmente em todos os debates importantes acerca de moralidade política os pós-positivistas nacionais rechaçam a razoabilidade do lado oposto. Não raro, tais alegações unilaterais de ausência de margem argumentativa vêm acompanhadas da já comentada carta-coringa do princípio da vedação do retrocesso, o mais efetivo escudo retórico empregado por autores pós-positivistas para o engessamento da Constituição à sua imagem e semelhança. A rejeição de cotas raciais em universidades ou concursos públicos não é razoável – portanto inconstitucional. A rejeição de cotas para mulheres em eleições políticas não é razoável – portanto inconstitucional. A criminalização do aborto não é razoável – portanto inconstitucional. A criminalização de porte de drogas para uso pessoal não é razoável – portanto inconstitucional. O conceito conservador de família não é razoável – portanto inconstitucional. Eventual opção legislativa por dificultar o divórcio não seria razoável – portanto inconstitucional. Eventual opção legislativa por não mais reconhecer a validade do conceito de racismo estrutural não seria razoável – portanto inconstitucional. Eventual revogação da causa de aumento de pena por racismo recreativo não seria razoável – portanto inconstitucional. Programas amplos de privatização de estatais não são razoáveis – portanto inconstitucionais. O enxugamento de tributos com vistas a potencializar a economia de mercado não é razoável – portanto inconstitucional. Eventual revogação do instituto de juiz de garantias não seria razoável – portanto inconstitucional. Restrição de direitos trabalhistas não é razoável – portanto inconstitucional. Emenda constitucional para permitir a execução da pena criminal após o julgamento de segunda instância não é razoável – portanto inconstitucional. Fim das saídas temporárias na execução penal não é razoável – portanto inconstitucional. Políticas armamentistas da população civil não são razoáveis – portanto inconstitucionais. Crença no aumento de penas privativas de liberdade e no endurecimento da execução penal não são razoáveis – portanto inconstitucionais. Previsão de regime inicial fechado obrigatório para determinados crimes reputados gravíssimos pelo legislador não é razoável – portanto inconstitucional.

Certamente o leitor poderia pensar em inúmeros outros exemplos. As páginas que pós-positivistas escrevem para celebrar o pluralismo de ideias e o debate racional entre doutrinas divergentes podem iludir o neófito, mas basta a observação de como os pós-positivistas realmente se comportam na prática jurídica para perceber que apelos ao pluralismo político logo são interditados pelo inapelável amor à imposição de uma condição uniforme de perfeição sobre a conduta humana, para lembrar a expressão de Oakeshott.

Por mais que finjam estar meramente trazendo bons argumentos baseados em princípios constitucionais, o que realmente agrada pós-positivistas brasileiros é observar o reflexo de suas faces, e de mais ninguém, na Constituição da República. Para pós-positivistas, a conversação política entre desiguais não é uma real conversação: aquele que ouse ultrapassar os limites traçados *ex-ante* pelo lado virtuoso da moralidade terá, desde logo, sua visão rotulada como inconstitucional, e não poderá fazer mais do que suplicar por um novo Poder Constituinte Originário. Para lembrar a analogia feita por Posner entre a agulha e o balão: a visão rotulada como conservadora e retrógrada nunca tem e nunca terá a eficácia de furar a bolha ideológica de seus avaliadores progressistas. Concessões aqui e ali não passam de disfarce para conferir algum ar de indulgência com opiniões verdadeiramente contrárias, mas ao fim e ao cabo o que se admite são apenas divergências menores entre primos ideológicos.

Em termos responsáveis, e não nos termos sugeridos pelo pós-positivismo nacional, podemos entender o conceito de divergência razoável em duas dimensões diferentes, interligadas entre si. Christopher McMahon, na obra *Reasonable Disagreement: a Theory of Political Morality*, referiu-se à existência de considerações relevantes que permitem engajamento competente e o alcance de conclusões diferentes (*reasonableness as competence*). Nessa acepção, uma divergência razoável apenas existe caso os argumentos construídos pelos participantes sejam suportados por razões que implicam atribuição de peso relativo a diferentes aspectos relevantes relacionados a uma discussão moralmente defensável. Pós-positivistas nacionais não levam a sério esse primeiro sentido, pois o grau inabalável de certeza moral na correção de seus próprios argumentos inviabiliza concessões à competência argumentativa da outra parte e sufoca à quase inexistência a ideia de que o adversário argumentativo detém posição "moralmente defensável". Pós-positivistas acreditam com tanta tenacidade em suas próprias visões que reputam que a prevalência de seus argumentos perante o Poder Judiciário é a única hipótese de real concretização das normas constitucionais.

O segundo sentido da expressão desacordos razoáveis refere-se às concessões recíprocas que os participantes podem fazer em favor da cooperação social (*reasonableness as fairness*). Trata-se de um aspecto relevante dentro de processos de criação de decisões autoritativas permeados pela igualdade política de influência. A razoabilidade das concessões recíprocas deriva da empatia e da flexibilidade demonstrada por aqueles que estão dispostos a conceder parte de suas preferências pessoais em favor de uma solução mais consiliente. Isso pressupõe que nenhum dos arguentes leve tão a sério, dentre outras coisas, sua posição pessoal a ponto de rebaixar *a priori* as credenciais do oponente intelectual. Pressupõe, igualmente, que os arguentes estejam sinceramente dispostos ou a serem convencidos, ou a reconhecerem algum mérito na posição oposta, ou a aceitarem derrotas legislativas passageiras, sem prejuízo de reanálise do tema pelo próprio Poder Legislativo após nova rodada de maturação política e discursiva. Em outros termos, pressupõe tudo aquilo que autores pós-positivistas nacionais, com suas reivindicações de engessamento constitucional pela via da vedação de proibição de retrocesso social, não parecem dispostos a admitir.

A adesão à ideia de Constituição-Moldura tem a vantagem de reconhecer que um arranjo institucional baseado em concepções multifacetadas de democracia, que atraem para si abrangente sincretismo axiológico, permite que muitas coisas contraditórias sejam ditas, de boa-fé, sobre o que o estado constitucional exige do povo e dos funcionários do sistema. Talvez Barroso não se tenha atentado para o paradoxo gerado com a teoria que ele mesmo propõe, mas quando, de forma lúdica, afirmou que a Constituição brasileira "só não traz a pessoa amada em três dias", tecnicamente era isto que ele tencionava comunicar: o material jurídico da nossa Constituição, de tão rico e contraditório em termos de princípios e valores, permite a elaboração dos mais variados discursos jurídicos legítimos. Em um discurso jurídico realizado diretamente com base no conteúdo da Constituição, dificilmente se pode descartar o preenchimento de algum valor ou propósito relevante para alguma das concepções de democracia ali presentes. Excluídos os extremos tanto de direita quanto de esquerda, uma constituição exaustiva autoriza tomadas de posições de potencialmente todas as colorações políticas e morais. Tais constituições ampliam tanto as propriedades que contam como "razoáveis" em um discurso político e moral quanto, por extensão, a zona de penumbra existente entre desacordos práticos entre pessoas que, de boa-fé, atribuem pesos valorativos diferenciados a uma ou outra previsão constitucional. O desfrute dos debates ordinários e reformistas em Casas Legislativas, com o levar a sério das ideias de Constituição-Moldura e de virtude passiva, continua sendo o melhor meio de assegurar o pluralismo de ideias e a fuga à política da uniformidade e perfeição.

4.7 Ativismo judicial e juristocracia

Há evidências abundantes de que o termo "ativismo judicial" se tornou, em mãos de juristas e ideólogos, muito mais uma expressão de sentimentos pessoais de desaprovação do que um conceito técnico de diagnóstico de problemas estruturais sobre a separação dos poderes. Com base nisso, alguns teóricos do Direito e da ciência política têm sugerido o abandono do termo, preferindo análises diretas e argumentativas sobre o erro ou acerto, procedimental e meritório, de decisões judiciais concretas.

Mas se a banalização retórica fosse razão suficiente para abandonar expressões tradicionalmente utilizadas, em conversas técnicas, para designar fenômenos sociais e institucionais, talvez toda a ciência do Direito e a ciência política devessem ser conceitualmente reconfiguradas. Pois, convenhamos, o que mais se encontra nos polarizados debates políticos – e mesmo acadêmicos – atuais são distorções angustiantes de teorias e conceitos como fascismo, liberalismo, conservadorismo, comunismo, racismo, direita, esquerda e tantos outros. Aliás: em rigor, este livro inteiro é a história da dilapidação e do uso prático sofístico do termo "positivismo jurídico". Deveríamos abandoná-lo?

Entendo que o melhor caminho continua ser vincular o termo ativismo judicial à ideia de hipertrofia indevida do Poder Judiciário, com correspondente redução injustificada das zonas legítimas de atuação dos demais poderes. Definir quando há ou não hipertrofia indevida do Poder Judiciário é, claro, um processo interpretativo dependente das convicções e das pré-compreensões do falante. Mas – e isso, com o devido respeito, nem sequer deveria ser necessário lembrar – em debates conceituais controversos não temos alternativa a processos interpretativos, divergências e conversação.

O que conta ou não como hipertrofia indevida do Poder Judiciário, por conseguinte, está em aberto para debate e professores de Direito darão respostas diversas a depender das visões de mundo que ostentem. Respostas distintas a perguntas como "ativismo em direção a quê?" e "autocontenção com base em quê?" conduzirão a resultados práticos diversos. Simplesmente insistir que deseja respeito aos "limites semânticos do texto legal" não diz muita coisa.[107] Pois o texto pode ser lido por lentes diversas e o próprio significado do texto pode ter mudado com o tempo. E qual deles deve ser aplicado? O significado original ou o significado "atualizado"? Por exemplo: um originalista afirmará que a autocontenção judicial deve ser verificada a partir de significados originalmente aceitos no momento da promulgação do ato. Um positivista ético-normativo admitirá atualizações de

---

[107] Esse foi um erro bizarro (para não importunar o leitor com adjetivos deselegantes que me vieram à cabeça) que eu cometi na primeira edição do meu livro *Democracia e respeito à lei*.

significado. Um pragmatista afirmará que a autocontenção deve ser sabatinada à luz da qualidade da análise das consequências práticas e sistêmicas procedida pelo juiz – ou que eventual ativismo poderá ser justificado da mesma maneira. Você entendeu: aquele que acusa alguma decisão judicial de ativista, para não recair na vala comum das emoções passageiras e das reações viscerais, deve estar preparado, ao menos, para dizer de qual concepção do Direito parte, qual concepção de interpretação sustenta e o que busca quando interpreta o Direito – significados atuais, significados originais, consequências, justificação principiológica comunitária, justiça ideal, segurança jurídica via precedentes ou alguma mistura de tudo isso dependendo do contexto (e o porquê de essa mistura não recair em indesejáveis quase intuicionismos).

Este não é um livro sobre teoria da decisão judicial e, portanto, não aprofundarei nessas questões. Para nossos fins, bastam alguns esclarecimentos. No sentido em que emprego o termo "ativismo judicial", há distinção relevante entre o juiz ativista e os juízes preguiçosos ou desinformados: tal como o dolo no direito penal, uma atitude ativista pressupõe não só um aspecto volitivo, mas também cognitivo. O ativismo judicial, em rigor, não detém uma ideologia proprietária: suas técnicas de relativização das formas em favor de justiças substantivas podem operar à direita ou à esquerda. Independentemente do compromisso pessoal, fato é que o juiz ativista possui agenda operativa de reforma das leis vigentes que demanda o emprego de argumentos políticos e morais considerados, por ele próprio, como verdadeiros. Desloca-se, assim, do sistema jurídico para sua consciência pessoal os critérios de verdade das proposições jurídicas. O ativismo pressupõe atitude deliberada, mesmo que venha disfarçada, como característico do pós-positivismo nacional, por argumentos que tentam conferir aparência de legitimidade democrática à decisão proferida. Esses argumentos geralmente se relacionam ao apelo manipulador a "princípios" e à correspondente alegação de ter alcançado alguma verdade jurídico-moral objetiva e impessoal. Essa é uma acepção do termo ativismo judicial que muda o eixo da discussão para a problemática da desobediência à lei, e não ao mero erro interpretativo.

Para a compreensão de como o pós-positivismo nacional enxerga o fenômeno ora analisado, devemos iniciar a análise com distinção de duas categorias, costumeiramente realizada em terras brasileiras, as quais, segundo seus proponentes, ilustrariam lógicas diversas quanto aos limites da atividade do magistrado: de um lado, a chamada judicialização da política; de outro, o ativismo judicial.

Mas, antes, parece-me oportuno enfatizar duas excelentes lições de texto publicado em 1989 por Thomas Sowell (*Judicial Activism Reconsidered*), ainda pouco conhecido no Brasil. Primeiro: o debate sobre ativismo e autocontenção judicial, em geral, envolve não *o que* decidir, e sim *quem* deve decidir; não o mérito da questão política ou moralmente sensível, e sim a divisão de competências para decidir sobre o mérito. Quem em determinado caso questiona o amplo poder de magistrados para definir o conteúdo de princípios morais previstos na Constituição da República não está, necessariamente, rejeitando a interpretação específica que foi dada pelo magistrado. Embora nada impeça que o acusador, no mérito, de fato também lamente o resultado interpretativo do magistrado, ele em princípio se compromete apenas com a tese formal de que o magistrado foi longe demais nas suas atribuições constitucionais, e que outro Poder, em verdade, seria a arena apropriada para definir qual a interpretação adequada dentre as várias possíveis na moldura constitucional. A segunda lição é esta: apesar de o ativismo judicial ser adaptável a qualquer ideologia, não é coincidência que setores progressistas costumem ser os mais dispostos a argumentar por modos de interpretação judicial ambiciosos. "O tipo de homem concebido por aqueles que historicamente têm sustentado a contenção judicial é uma criatura muito diversa do tipo de homem imaginado por aqueles que estimulam o ativismo judicial", nos diz Sowell. Autores que privilegiam formas e procedimentos costumam ter visões restritivas sobre a abrangência do conhecimento de juízes, a capacidade concreta de juízes praticarem filosofia moral e o desdobramento de causalidades sociais não intencionadas. Ao contrário, autores que privilegiam o papo sobre princípios e o alcance de justiça substantiva costumam ter visões ampliativas sobre todos esses aspectos. Na prateleira da segunda hipótese, o pós-positivismo brasileiro é exemplar de um racionalismo vulgar baseado em concepções idealistas sobre a constituição do mundo, sobre a fiabilidade de raciocínios filosóficos de juízes e sobre a cognoscibilidade dos incentivos e inibições das decisões judiciais nas relações sociais.

Feita essa preliminar, prossigamos. No Brasil, a distinção entre ativismo e judicialização geralmente é compreendida como uma distinção entre questão de fato e questão de vontade. Tanto Barroso quanto Streck acreditam nisso. A judicialização seria um "fato", um fenômeno "inevitável", advindo do desenho institucional da Constituição de 1988, e não uma vontade política injustificada do Judiciário. Concordemos ou não, teria havido uma evolução histórico-ideológica do papel da Constituição. Isso conduziu ao fenômeno do neoconstitucionalismo – ou, para Streck, crítico do termo neoconstitucionalismo, teria conduzido à promoção de uma Constituição Dirigente.

O ativismo judicial, por sua vez, seria uma "atitude" ambiciosa do Poder Judiciário quando reputa erradas, insuficientes ou em alguma medida omissas soluções jurídicas propostas pelos demais poderes. Seria, nesses termos, o Poder Judiciário caminhando voluntária e conscientemente para além de suas atribuições formais ordinárias, desde que amparado pela proteção de algum direito fundamental inegociável no caso.

Barroso afirma que existem ativismos judiciais bons e ruins, e que o primeiro, apesar de legítimo, deve ser realizado com parcimônia e autocontenção. Streck afirma que o ativismo judicial sempre é ruim e insiste na ideia de "autonomia do Direito" ante predações morais, econômicas e políticas. Pode parecer haver, aí, genuína divergência entre ambos os pós-positivistas, mas a divisão escorregadia entre o que, de um lado, conta como judicialização e o que, do outro, conta como ativismo não leva, em rigor, a necessárias oposições entre um e outro autor. Basta que ocorra situação que pareça a Barroso um ativismo judicial "bom" e que pareça a Streck uma mera judicialização da política.[108]

---

[108] Há ainda outro suposto ponto de fricção entre Barroso e Streck. A judicialização, como questão de fato, estaria a demonstrar que o direito constitucional possui algum tipo de conexão necessária com a política – sendo, portanto, um direito político. Mas em que sentido se entende o direito constitucional como direito político? Barroso, no texto *Judicialização, ativismo judicial e legitimidade*, de 2011, afirma existir uma ambivalência: por um lado, o direito não é política em um sentido forte, isto é, não é política porque não admite que a noção de Justo ou Correto seja reduzida à mera vontade arbitrária daquele que exerce uma função de Poder; por outro, todavia, o direito é política em razão de sua (i) origem (criação pelo princípio majoritário), (ii) aplicação (vinculação à realidade política, às consequências sociais e aos sentimentos e expectativas dos cidadãos), e (iii) interpretação por seres humanos dotados de desejos e ideologias. Em uma palavra, a

Com suas recomendações de autocontenção e parcimônia, Barroso tenta atenuar com meios exclusivamente *internos* ao Supremo Tribunal Federal a inafastável natureza idealista, elitista e paternalista de sua teoria. Por sua vez, em Streck, a ideia de autonomia do Direito e sua combinação com a distinção entre judicialização da política e ativismo judicial deixa-se guiar por concepções fortes de justiça substantiva relacionadas com certa linha social-democrata de planejamento econômico centralizado. Se analisada a teoria de Streck como ela realmente se apresenta, e não a partir do que o autor pessoalmente acredita e diz estar fazendo, torna-se inevitável a conclusão de que a predicação de certo raciocínio judicial como "questão de judicialização", e não "ativismo judicial", muitas vezes não passa de manobra retórica, fundada dolosamente no hermético vocabulário de Heidegger, para ofuscar o caráter de meras escolhas subjetivistas e qualificar como genuinamente "jurídicas" as crenças pessoais de Streck e seus seguidores acerca da sociedade ideal por eles imaginada. A judicialização da política estaria comprometida, custe o que custar, com a proposição de que os direitos sociais só podem ser efetivados mediante considerável intervenção estatal na economia, por mais questionável ou desacertado que esse procedimento se mostrasse ou se mostre na experiência histórica dos indivíduos.[109]

Nos termos ideológicos em que apresentado pelo pós-positivismo brasileiro, a diferença entre judicialização e ativismo presta-se, muito mais, a absolver eventual abuso dos Tribunais

---

relação entre direito e política, para Barroso, pode ser entendida como uma relação de duas realidades sociais distintas capazes de, por vezes, complementarem-se, e, por vezes, confrontarem-se: neste último caso, diz-se que argumentos de política têm o condão de corrigir o direito posto a partir de raciocínios criativos do magistrado. Ao seu turno, Lenio Streck não concorda com aquilo que denomina de "relação predatória" entre Direito e Política e enfatiza a autonomia do Direito perante outros sistemas normativos. Quanto ao ativismo, há muito tempo Streck tem atacado aquilo que considera ser o "ovo da serpente" do problema: a concepção do positivismo kelseniano, e pós-kelseniano, no sentido de que a interpretação jurídica seria um "ato de vontade" que permitiria o magistrado "escolher" a interpretação que pensa ser a mais adequada.

[109] Para fazer jus a Streck, cabe ressaltar que o autor detém excelentes textos criticando a intervenção do Poder Judiciário em políticas públicas baseada em critérios emocionais – naquilo que ele denomina "Direito fofo" –, e não em raciocínios que preenchem o teste da universalização. A crítica deste livro está relacionada à filosofia de base sustentada pelo autor, sobretudo no âmbito da interpretação e da força que historicamente confere ao conceito de Constituição Dirigente.

quando algum teórico específico entenda que se trata de caso de judicialização, e não de ativismo, do que propriamente a estabelecer bases analíticas seguras para uma distinção profícua, ainda que de grau. Em verdade, uma defesa ideológica da distinção entre judicialização e ativismo não se compatibiliza com a afirmação de que o critério objetivo para saber se um magistrado foi ou não ativista é o sentido que se pode extrair do *texto* jurídico. Isso fica muito evidente, por exemplo, quando vemos a seletividade disfarçada dos adeptos da hermenêutica filosófica em questões de política econômica e de direitos e garantias individuais no âmbito do direito penal: embora em todas as demais discussões jurídicas relevantes referidos teóricos sustentem a necessidade de obediência ao texto da lei, quando se trata de reformas econômicas a obediência deve ser endereçada a uma construção doutrinária particular, de natureza política e filosófica, acerca da desejabilidade da intervenção do Estado na economia; e, embora, por padrão, tais hermeneutas, aderindo a uma concepção forte *a la* Dworkin de "direitos", insistam no respeito incondicional aos direitos individuais em processos penais independentemente de considerações sobre consequências sociais, não raro esses mesmos hermeneutas, em discussões práticas, mediante o emprego do mesmo vocabulário da "autonomia do Direito", nem sequer se ruborizam ao realizar movimento de cento e oitenta graus para justificar a violação desses direitos quando o alvo do processo penal é um político ou uma pessoa de grupo ideológico oposto.[110]

No mais, a própria esperança de alguns pós-positivistas por amplas transformações sociais emancipatórias advindas de atuações ambiciosas do Poder Judiciário pode ser colocada em xeque. O cientista político Ran Hirschl, no seu conhecido livro *Towards Juristocracy*, após

---

[110] Basta lembrar, aqui, comentário de Streck que gerou grande repercussão no meio jurídico nacional, proferido no Canal UOL. Histórico defensor assíduo do direito ao silêncio e à não incriminação, Streck, ao comentar a escolha de ficar em silêncio realizada por político brasileiro de direita, afirmou coisas como "não fala nada quem tem algo para se incriminar, atenção!" e "a ideia de permanecer em silêncio é um direito constitucional. Agora, se eu me reservo o direito de não falar nada naquilo que me autoincrimina, eu, primeiro, estou admitindo que algo há para me incriminar e, segundo, tem limites nisso, e aí vem um problema, pode silenciar-se não sobre tudo, mas só sobre aquilo que te autoincrimina". Transcrição livre do conteúdo da entrevista contida no Canal Uol do Youtube, com título "Bolsonaro em silêncio na PF: não fala nada quem tem algo para se incriminar, diz jurista". Disponível em: https://www.youtube.com/watch?v=5qkM4cqs4IA. Acesso em: 7 jan. 2024.

analisar os sistemas constitucionais do Canadá, Nova Zelândia, Israel e África do Sul, constatou que a lógica do ativismo do Judiciário, embora usualmente seja defendida sob o atraente argumento da "justiça social", costuma ser suportada, em especial, por atores políticos que representam elites hegemônicas e interesses estabelecidos e ser dirigida à manutenção do *status quo* social.

Algumas pesquisas sugerem que a ação ativista do Poder Judiciário pode significar o exato oposto da almejada "justiça social", sobretudo por reforçar a concentração de renda nas mãos daqueles litigantes que já detêm conhecimento e recursos financeiros para pleitear a tutela jurisdicional. Em interessante estudo empírico realizado no Município de São Paulo, intitulado "Os impactos da judicialização da saúde no município de São Paulo: gasto público e organização federativa", Daniel Wei L. Wang, Natália Pires de Vasconcelos, Vanessa Elias de Oliveira e Fernanda Vargas Terrazas listaram alguns efeitos negativos do ativismo judicial, como a criação de acesso desigual ao SUS, desequilíbrio na distribuição de competências com sobrecarga do município e dificuldade de planejamento e gestão do orçamento público. Terrazas, em outro trabalho, intitulado "O poder judiciário como voz institucional dos pobres: o caso das demandas judiciais de medicamentos", afirmou que, ao contrário do que muitos afirmam, o ativismo judicial não democratiza o acesso a políticas públicas, servindo em verdade aos interesses de grupos incluídos e bem representados no processo democrático, capazes de valer-se do Judiciário como mais um local de imposição de seus interesses. O ônus argumentativo acerca das alegadas transformações sociais engendradas pelo ativismo é daquele que sustenta essa tese, e não do cético.

Por sua vez, o fenômeno conhecido como Juristocracia difere daquilo que conhecemos por ativismo judicial. Por um lado, qualquer sistema jurídico com configurações institucionais próximas à brasileira está sujeito ao fenômeno do ativismo judicial, se compreendido como substituição de um juízo moral razoável feito pelo legislador por uma variação de juízo moral razoável feito pelo magistrado. Por outro, há evidências suficientes no sentido de que o nosso próprio sistema jurídico sempre conviveu com algum grau de práticas porventura enquadráveis na ideia de ativismo.

Examinando a história do nosso país, José Reinaldo de Lima Lopes, no texto *O Supremo e as crises da República*, de 2017, demonstrou que a preocupação com decisões eminentemente políticas já era assunto abordado por doutrinadores nacionais do início do Século XX:

> [O]s primeiros intérpretes da Constituição de 1891, Pedro Lessa, João Barbalho e Rui Barbosa, frisaram a distinção entre decisões com efeitos políticos e decisões eminentemente políticas. As primeiras são inevitáveis quando se dá a um tribunal poder para verificar os atos produzidos pelos outros Poderes. As segundas são – ou deveriam ser – típicas dos poderes políticos, pois decorrem de um juízo de conveniência fundado em critérios discricionários, como a declaração de guerra ou a aceitação de um embaixador estrangeiro. Os doutrinadores, já naquela época, aconselhavam aos juízes constitucionais certa moderação, exatamente porque seus atos seriam inapeláveis. Assim, dizia-se, deveria ser presumida a validade da lei, não sua invalidade.

A lembrança de Lopes é importantíssima. Serve, em um primeiro momento, para que não nos deixemos levar pelo discurso de que o combate ao ativismo judicial é algo novo em nossa República – ou de que se trata de uma conquista acadêmica desta ou daquela teoria da decisão específica. Mas serve, também, para que compreendamos a real natureza do fenômeno que temos em mãos nos dias de hoje, já que os debates sobre exageros do Judiciário no período analisado por Lopes costumavam estar ligados, sobretudo, a questões sobre federalismo, e nem de longe, portanto, tinham a abrangência temática e a recorrência que se tem observado após 1988.

Nem todo sistema jurídico que convive com algum grau de ativismo recai no fenômeno da Juristocracia. A crítica contra a Juristocracia parte da premissa de que democracias não foram formatadas para serem governadas por juízes. Por conseguinte, o fenômeno da Juristocracia pode ser compreendido como um tipo específico de deterioração do regime democrático. Ele ocorre em ambientes permeados por ativismos judiciais substantivos frequentes e, portanto, pressupõe algum grau de desarmonia entre os poderes. Em contextos juristocráticos, as formas jurídicas previstas na Constituição e na Lei podem até prever cláusulas de separação de poderes e estabelecer obrigações de autocontenção e fundamentação jurídica válida das decisões judiciais, mas quem *de fato* governa, em inúmeras questões importantes para o destino social, são os juízes.

Não se pode negar que, no nosso contexto, historicamente, o Supremo Tribunal Federal sempre teve participação em decisões moral e politicamente sensíveis. Não se pode negar, igualmente, que o Supremo Tribunal Federal, em muitas dessas decisões, agiu de forma contrária ao direito positivado, privilegiando os juízos subjetivos de seus membros acerca de moralidade e política. Mas aqui entra a grande questão: se partirmos da premissa de que o ativismo é um afastamento deliberado ou fingido dos limites proporcionados pelos textos jurídicos, parece ser possível sugerir que esse fenômeno, na história do país, nunca atingiu o grau de difusão que tem sido visto nos últimos tempos. Hoje, não há qualquer debate política ou moralmente sensível que, de um jeito ou de outro, não seja resolvido soberanamente pela argumentação moral do STF após ativação de algum dos amplos dutos de contestação política de normas fornecidos pela Constituição da República e pela interpretação autocomplacente que o próprio STF fez do documento constitucional.

4.7.1 Dever de excelência comportamental estável e permanente por parte dos ministros do STF

Stan van Hooft resumiu com precisão que, segundo a ética das virtudes, "os agentes são orientados não só por princípios morais, mas também por aquilo que outros agentes virtuosos fazem".[111] Ou seja: a base motivacional para pessoas agirem nem sempre é bem explicada por suposta adesão a "argumentos racionais", e sim pela imitação da natureza exemplar de pessoas inspiradoras, admiráveis e impressionantes.

Trazida às instituições jurídicas,[112] a ênfase no papel terapêutico e pedagógico da interdependência das virtudes (*connexio*

---

[111] HOOFT, Stan van. *Ética da virtude*. Petrópolis: Vozes, 2013. p. 31.
[112] No Brasil, sobre ética das virtudes, decisão judicial e formação moral dos juízes, recomendo os livros *Filosofia Prática: Ética, Direito, Política e Justiça na perspectiva clássica*, de Luis Fernando Barzotto, e *Ética das virtudes e decisão judicial: a tradição clássica do juiz prudente*, de Daniel Damasceno, ambos publicados na "Coleção Teoria da Lei Natural", coordenada por Victor Sales Pinheiro.

virtutum) deposita nas mãos de quem habita o topo da hierarquia dos Poderes constitucionais responsabilidades ainda mais contundentes. Pois são tais agentes públicos que se sujeitam, em primeiro plano, ao dever moral e constitucional de servir como exemplar de conduta excelente, em termos institucionais e pessoais.

Mais do que louvar "princípios de justiça"[113] e "avanços civilizatórios" em seus debates sobre casos jurídicos, mais do que celebrar a "reaproximação do Direito e da Ética" ou os "tempos virtuosos" da dogmática constitucional, espera-se dos ministros do Supremo Tribunal Federal que demonstrem com *ações*, e não com palavras ou escritos, terem efetivamente internalizado a disposição correta, estável e permanente de agir como juízes imparciais, sinceros, moderados e justos. A excelência comportamental deve ocorrer dentro e fora dos autos. Na esfera pública e na esfera privada. No domínio do ser e do parecer.[114]

Nesse aspecto, todavia, a realidade brasileira dos últimos anos é desoladora, e não estranha a qualquer estudioso da ética das virtudes aristotélica que se tenha fortalecido a desconfiança tanto da opinião pública com o Poder Judiciário quanto de juízes de instâncias inferiores com as decisões criativas e instáveis da Suprema Corte.[115] Com o devido respeito,[116] desconheço, em qualquer canto

---

[113] Falta-nos Aristóteles (EN, 1105b10): "É, portanto, correto dizer que alguém se torna justo realizando ações justas e moderado realizando ações moderadas; e ninguém poderá ter sequer uma mera perspectiva de se tornar bom sem realizá-las. Mas a maioria dos seres humanos omite-se quanto a essa realização e se dedicam à discussão [da virtude], imaginando que filosofam e que isso os tornará bons; são como pacientes que ouvem meticulosamente ao que o médico diz, mas deixam completamente de cumprir suas orientações. Tal como esse tipo de tratamento [ouvido e negligenciado pelo paciente] nenhum bem produzirá no corpo, igualmente esse tipo de filosofia nenhum bem produzirá na alma".

[114] O hábito de compostura deveria valer, sobretudo, em ambientes, como o brasileiro, em que vige genuíno Estado Jurisdicional de Direito – para lembrar excelente expressão de Eduardo José da Fonseca Costa. Pior: deveria valer, sobretudo, em ambiente em que ministros da Corte Suprema não se sujeitam a controles correicionais internos, por estarem fora do alcance do CNJ, e reputam como truculência antidemocrática qualquer sugestão distante de possível fiscalização externa pela via constitucional do impeachment ou por emendas constitucionais que intentem racionalizar o equilíbrio entre os poderes. Ou seja: tanto maior o dever de excelência moral quanto menor os freios e contrapesos externos, quanto menos instâncias institucionalizadas de controle para além da autocontenção dos próprios envolvidos.

[115] Sobre a esquecida dimensão "substantiva" da vinculação dos precedentes qualificados, escrevi em artigo publicado na revista Consultor Jurídico intitulado "Precedentes vinculantes que não vinculam nada", disponível em https://www.conjur.com.br/2018-nov-03/bruno-torrano-precedentes-vinculantes-nao-vinculam-nada/.

[116] Críticas à conduta intra e extra-autos de ministros do STF objetivam fortalecer o próprio STF, e não enfraquecê-lo. Cortes Constitucionais são imprescindíveis à democracia

do globo terrestre, país em que membros da Corte Suprema, nos bastidores, estejam tão imiscuídos na política ordinária do Poder Legislativo e do Poder Executivo. Desconheço membros de Cortes Supremas internacionais que interajam com tanta frequência com as decisões políticas futuras a serem tomadas pelo presidente da república e por parlamentares. Desconheço membros de Cortes Supremas estrangeiras que, valendo-se da garantia de sigilo da fonte, forneçam "furos" jornalísticos que são quase imediatamente espalhados por canais específicos da grande mídia. Desconheço membros de Cortes Supremas internacionais que tenham em mãos inquéritos abrangentes, com violações a regras de competência, destinados a investigar e fiscalizar eventuais críticas, alegadas *fake news* em perfis de redes sociais e tudo o mais que porventura seja reputado pelos próprios ministros ofensivo à democracia. Há, em tudo isso, concentração de poder sem qualquer paralelo na experiência comparada dos Estados de Direito mundiais e violação manifesta ao papel de exemplaridade virtuosa que se espera de ministros da Suprema Corte.

A autoimagem do STF também preocupa, pois não raro se mostra lacônica ou condescendente. Exemplifico. No ano de 2023, Barroso, em evento a empreendedores, valendo-se da já estudada distinção entre judicialização da política e ativismo judicial, sustentou que no Supremo Tribunal Federal o ativismo judicial é "raríssimo".[117] No mesmo ano, em seminário promovido pelo jornal O Estado de São Paulo, afirmou que, "com frequência, as pessoas chamam de ativista as decisões que não gostam, mas, geralmente, o que elas não gostam mesmo é da Constituição, ou, eventualmente, da democracia".[118]

As declarações bem ilustram alguns dos diagnósticos deste livro quanto ao *modus operandi* padrão de autores pós-positivistas nacionais. A opinião de Barroso 1) esgota na alegada história

---

e o comportamento de seus membros constitui, em grande parte, a medida pública de sua respeitabilidade institucional. Ao petulante leitor que, inserido no cenário atual de fervor político, porventura pretenda valer-se do que foi escrito neste tópico para propor blasfêmias autoritárias como o fechamento do STF, exceço desde logo a intimação: esqueça este livro e não conte comigo.

[117] Disponível em: https://www.cnnbrasil.com.br/politica/ativismo-e-rarissimo-no-supremo-tribunal-federal-diz-barroso/.

[118] Disponível em: https://www.poder360.com.br/poder-flash/quem-chama-stf-de-ativista-nao-gosta-mesmo-e-da-constituicao-diz-barroso/.

decisória do STF a análise sobre a inexistência de ativismos judiciais recorrentes, e, portanto, simplesmente ignora a dimensão *qualitativa* da juristocracia brasileira, relacionada com ofensas, por parte de ministros, ao dever de excelência comportamental estável e permanente; 2) parte da típica neurose narcísica progressista nacional de arrogar, contra visões alternativas de mundo, acesso privilegiado e monopolizado à defesa da "democracia"; 3) supõe que a abrangência peculiar das interpretações principiológicas do pós-positivismo vulgar brasileiro, com conceitos ideologicamente engessados como o de Constituição Dirigente fortalecida, ilustram, sem sombra de dúvidas, a única abordagem hermenêutica razoável e democrática dos sentidos e dos propósitos de nossa analítica e compromissória Constituição; 4) incide em perigosa confusão entre o que o STF diz que a Constituição é e o que a Constituição realmente significa; 5) alarga artificialmente a expressão "judicialização da política" de modo a nela inserir hipóteses de atuação do STF que em inúmeras outras teorias normativas da decisão respeitáveis, incluídas teorias não-positivistas internacionais, seriam reputadas como instâncias exemplares de atuação exorbitante do Judiciário; e 6) ratifica o certeiro diagnóstico de Virgílio Afonso da Silva[119] de que não parece haver qualquer indício de que ministros do Supremo Tribunal Federal estejam dispostos a abrir mão de mínima parcela do extenso poder que angariaram no decorrer da história constitucional pós-1988.

4.8 Excurso: neoconstitucionalismo como neomarxismo?

No primeiro capítulo desta obra – leia-o, por favor –, vimos duas coisas: 1) excetuado o tardio "despertar do sono dogmático" de Streck quanto ao positivismo contemporâneo, a alergia de autores pós-positivistas nacionais ao positivismo jurídico não costuma

---

[119] "O STF parece não estar disposto a abrir mão da sua competência para decidir sobre tudo" (SILVA, Virgílio Afonso da. *Direito Constitucional Brasileiro*. São Paulo: Editora da Universidade de São Paulo, 2021. p. 576).

derivar das teses metodológicas modestas[120] efetivamente defendidas pelos positivistas atuais, e sim de vínculos imaginários que, segundo eles, o positivismo jurídico necessariamente teria com certas posições filosóficas e interpretativas de cunho conservador e tradicional, como o "juiz boca da lei", o "senso comum teórico" ou, no limite, a alegada legitimação de quaisquer sistemas jurídicos moralmente iníquos; 2) sem aparente exceção, todos os pós-positivistas brasileiros consultados em estudos sobre o tema expressam, com imenso orgulho moral, adesão ao movimento progressista de esquerda política e, desde sempre, propuseram-se a realizar uma "leitura moral" da Constituição a partir, especificamente, desse pano de fundo ideológico.

Bem analisado, o movimento neoconstitucionalista brasileiro, sendo ele próprio um movimento de natureza dúplice que abrange dogmática voltada para a transformação social e estratégias político-ideológicas de cariz prático e hermenêutico com o fim de alcançar o que se traça como uma sociedade idealizada, tem como verdadeiro inimigo teórico-político o conservadorismo e demais propostas filosóficas ou políticas porventura enquadráveis na direita política, e não o positivismo em si mesmo considerado. Este só pode ser reputado adversário teórico se, e somente se, for distorcido, como sói acontecer nos livros dos pós-positivistas nacionais, ao ponto de serem visualizadas conexões morais necessárias com filosofias político-normativas conservadoras.

O predomínio virtualmente absoluto de ideologias progressistas no âmbito do pós-positivismo nacional, que pode ser explicado em parte pelas influências históricas que subsidiaram seu surgimento (Direito Alternativo italiano e brasileiro, *New Left* americana, Social-Democracia, Pós-Modernismo, Liberalismo Igualitário etc.), conduz-nos a uma pergunta inevitável: qual a relação do pós-positivismo e neoconstitucionalismo nacionais com Marx e as correntes marxistas?

Sei que a pergunta parecerá escandalosa e despropositada a muitos leitores. No ambiente brasileiro, muitos tomam como teoria da conspiração qualquer sugestão de vínculos entre, de um lado,

---

[120] Sobre a modéstia da teoria juspositivista contemporânea, confira o capítulo 2.

social-democracia e liberalismo igualitário e, de outro, marxismo. Por vezes o fazem como reação automática a acusações apressadas de "comunismo". Mas por vezes apenas revelam desconhecer o/ou resistir ao percurso retroativo das suas ideias, até a possível origem. Peço ao leitor mais sensível que engula a seco momentaneamente a indignação moral e acompanhe o raciocínio.

Ao menos em um aspecto, não vejo como se possa defender que o pós-positivismo brasileiro seja, ele mesmo, fiel à obra originária de Marx. Ora, Marx, desde ao menos o texto *Introduction to a Critique of Hegel's Philosophy of Right*, sustentou que o "acordar da consciência" humana não se vincula à formulação abstrata de algum ideal arbitrário de perfeição social. Ao contrário, a base do socialismo científico de Marx é a ideia de que tal acordar da consciência é inseparável da ideia de revelação de algo que está implícito na própria história. O acordar do ser humano desvela-se na compreensão do significado mesmo de seus comportamentos reais e, enfim, na identificação entre o seu "eu" egoísta e o seu "eu" político, sem indevida contradição concreta entre o egoísmo das ações no âmbito da sociedade civil e a socialidade exigida pela cidadania e pelo Estado. Em contraste, o pós-positivismo brasileiro apregoa uma coleção irresponsável de utopias verbais. É um pedido de subversão a partir de ideais arbitrários nunca especificados pelos seus proponentes para além de fórmulas vagas de justiça social a serem utilizadas especificamente pelo Poder Judiciário mediante apelo a princípios abstratos.

Estou de acordo com a conhecida crítica de que Marx, *all things considered*, apenas profetizou, sem detalhar meios e incentivos concretos para tanto, um cenário ideal pós-revolucionário e pós-estatal em que a distinção entre classes opressoras e oprimidas não mais existiria. Enfim, propôs uma utopia que nunca chega e uma opressão estatal que nunca acaba, para usar a excelente síntese de Yoram Hazony na obra *Conservatism: a Rediscovery*. Mas não há qualquer dúvida de que a metodologia materialista de análise social e jurídica proposta por Marx é, em termos qualitativos, infinitamente superior à metodologia abstrata dos princípios do pós-positivismo brasileiro.

De todo modo, há outras dimensões que permitem traçar rotas de influência e afinidade entre o pós-positivismo nacional e Marx e teorias marxistas. O polonês, ex-integrante do Partido Comunista e ex-marxista Leszek Kolakowski, no epílogo de sua magistral obra *Main Currents of Marxism*, identificou que a fama do marxismo se deve, em muito, ao seu caráter de "fantasia politicamente efetiva". Segundo ele, no que concordo, "a influência que o marxismo alcançou, longe de estar ligada a resultado ou prova de seu caráter científico, deve-se quase inteiramente a seus elementos proféticos, fantásticos e irracionais".[121]

Desde os seus primórdios, o pós-positivismo brasileiro, com promessas idílicas, truques retóricos e belas narrativas dogmáticas, caracterizou-se pela ostentação orgulhosa da mentalidade subversiva e transformadora típica dos casos centrais de movimentos progressistas. E aqui se revela um primeiro ponto a ser explorado: a ânsia de transformação social via Estado e o projeto de sociedade ideal igualitária recebeu relevantes impactos advindos do modo de pensar da cultura jurídica nacional "crítica" de fins da década de 1980. Tal cultura oitentista e noventista fincava seus esquemas conceituais e estratégicos tanto no marxismo ortodoxo quanto no marxismo cultural – ou *neo*marxismo, se quisermos empregar um termo ruim.[122]

Duas parecem ser as teorias que tiveram, com maior envergadura, influência no ou afinidade com o pós-positivismo pátrio. Uma já foi explorada no início deste livro, para onde remeto o leitor: tanto Barroso quanto de Streck foram influenciados pela Nova Esquerda americana. Seria radicalmente equivocado, com isso, sugerir que Barroso ou Streck são marxistas, seja pelo fato de a *New Left* americana não ser integrada apenas por autores que se

---

[121] KOLAKOWSKI, Leslek. *Main Currents of Marxism*: the Founders, the Golden Age, the Breakdown. New York and London: W. W. Norton & Company, 2005. p. 1208.

[122] Ruim porque expressões que se iniciam por *neo* – tais como, aliás, o neoconstitucionalismo criticado neste livro – podem até ser justificadas por dado período, mas, após décadas, apenas revelam que o movimento pretensamente inovador padece de algum tipo de crise de identidade. Com neoconstitucionalismo, é precisamente isto que ocorre: desde fins de 1990 ninguém soube detalhar muito bem o que se estaria a inovar e superar e como tudo isso poderia ser articulado em algum termo original. Mas com neomarxismo as coisas são distintas: a já citada ideia de variabilidade dos usos da doutrina marxista e as revisões de literatura efetivamente realizadas por autores como Herbert Marcuse na década de 1960 permitem a identificação de elementos realmente originais, a despeito da manutenção da mentalidade revolucionária marxista inicial. Daí o termo marxismo cultural ser alternativa viável para o que alguns continuam a chamar de neomarxismo.

autointitulam marxistas, seja por se tratar de afinidade demasiadamente difusa para possibilitar o estabelecimento de qualquer relação firme e estável com o marxismo em sentido estrito. Mas também seria equivocado simplesmente ignorar que os ideais progressistas defendidos por ambos os autores compartilharam, ao menos no nascedouro, da mesma atmosfera.

A outra teoria que exerceu influência no pós-positivismo nacional já foi mencionada *en passant* neste estudo e é muito mais interessante para a análise que proponho neste excurso derradeiro: o Direito Alternativo, este, sim, com bases explicitamente socialistas. Permitam-me traçar algumas considerações sobre essa corrente.

Tanto na Itália quanto no Brasil o movimento alternativo partiu de raízes expressamente marxistas. Na Itália, destacou-se historicamente a chamada *Magistratura Democratica*. O grupo nasceu em 1964 e, após cisões internas derivadas de descontentamentos de progressistas moderados com posições radicais de alguns membros, elaborou em 1971 o documento *Per una strategia politica di Magistratura Democratica*, com participação de Luigi Ferrajoli (o próprio), Salvatore Senese e Vincenzo Accattati. O grupo tinha como objetivo, a partir de "interpretação evolutiva do Direito", aplicar princípios subversivos ao sistema jurídico "burguês".

Por estas terras brasileiras, Amilton Bueno de Carvalho, na obra *Direito alternativo: teoria e prática*, contou a história de como o movimento alternativo foi abraçado na década de 1980 por juízes do Rio Grande do Sul que, como ele, tinham receio de proclamar-se "socialistas" (*sic*). Expôs, ainda, como tais juízes sugeriram "típicas opções então denominadas de socialistas" (*sic*) aos elaboradores da Constituição de 1988 e como "em 1990 o grupo [chamado de 'juristas orgânicos' ou 'juízes orgânicos'] restou consolidado enquanto prática judicante, labor teórico e atividade político-institucional".[123]

É dizer: na década de 1990, o Rio Grande do Sul vivia fervorosa expectativa acadêmica na consolidação dos direitos fundamentais da Constituição de 1988. E o detalhe era este: em relevante medida, a esperança *partia* da base conceitual crítica proporcionada pelo marxismo, fiel ao foco na "classe trabalhadora"

---

[123] CARVALHO, Amilton Bueno de. *Direito alternativo*: teoria e prática. Rio de Janeiro: Lumen Juris, 2004. p. 30-ss.

e à prática interpretativa voltada aos "pobres" e "dominados", conforme defendido por Amilton Bueno de Carvalho na obra *Magistratura e direito alternativo*. Embora não tenham ganhado hegemonia jurídica em âmbito nacional, as práticas do movimento alternativo brasileiro foram fortes o suficiente para impactar de modo relevante, em especial, as universidades e Tribunais do Sul brasileiro, com reverberações em São Paulo e no Rio de Janeiro, a ponto de ter merecido detido estudo por autores europeus no livro *Direito alternativo brasileiro e pensamento jurídico europeu*, de 2004.[124]

De todo modo, há algo mais concreto que me chamou a atenção na história jurídico-teórica brasileira da década de 1990: o debate entre Amilton Bueno de Carvalho e Luiz Flávio Gomes, o qual habitava a escola de São Paulo e não se enxergava como adepto do Direito Alternativo. O debate é interessante por revelar que, ao fim e ao cabo, o fenômeno da "constitucionalização" do papel do juiz de Direito, em termos que já poderiam ser considerados típicos do nascente pós-positivismo nacional, coincidiu, em relevante medida, com os propósitos práticos e teóricos do Direito Alternativo. O seguinte trecho escrito por Amilton Bueno de Carvalho, retirado da obra *Direito alternativo: teoria e prática* (p. 69-70), revela que as divergências, embora existentes, eram mínimas:

> Chega-se ao último modelo apontado por Luiz Flávio: "o constitucionalista". São seus requisitos: (a) engajamento político; (b) não se considera neutro; (c) é crítico; (d) está vinculado à democracia; e (e) aos direitos e garantias fundamentais. E o que se entende por movimento do Direito Alternativo? Busca de instrumental prático-teórico destinado a operadores jurídicos que ambicionam colocar seu saber atuação na perspectiva de uma sociedade radicalmente democrática. Logo, o operador jurídico alternativo (ou seja, o "alter" ao saber tradicional é: engajado politicamente (coloca seu saber-atuação a serviço de uma utopia, leia-se não é neutro, mas comprometido); sua utopia vinculativa é a radicalidade

---

[124] No prefácio de tal obra, organizada por Amilton Bueno de Carvalho e Salo de Carvalho, Modesto Saavedra destacou que "o uso alternativo do direito teve na Europa uma existência efêmera. Não obstante, no Brasil gozou e ainda goza de uma força surpreendente, tanto na teoria do direito e em âmbitos acadêmicos (onde se cultiva e é objeto de reflexão e de debate em numerosas publicações e cursos especializados) como na prática jurídica e jurisdicional, onde renomados juízes e juristas se consideram a si mesmos como 'alternativistas' e assim denominam expressamente sua relação profissional com o direito" (CARVALHO, Amilton Bueno de; CARVALHO, Salo de. *Direito alternativo brasileiro e pensamento jurídico europeu*. Rio de Janeiro: Lumen Juris, 2004. p. XV).

democrática, que tem por suporte os direitos e garantias fundamentais (leia-se os princípios do direito que são conquistas éticas da cidadania; e é, por tudo, crítico ao demonstrar o desgaste do modelo e apontar para as soluções dogmáticas e supra superadoras na direção. Onde, pois, a diferença entre o juiz constitucionalista de Luiz Flávio e o juiz sonhado pelo movimento do Direito Alternativo? No substancial (o que importa) em lugar algum. Um e outro se identificam! (...) Enfim, no meu sentir, Luiz Flávio é alternativo ao saber tradicional. Por certo, o movimento do Direito Alternativo irá buscar respaldo teórico em seu saber, sempre e sempre, na luta pela abertura de espaços democráticos e para sua concretização.

Em miúdos: muito do modelo de juiz traçado por Luiz Flávio Gomes (engajado, contra neutralidade, crítico, democrático e efetivador de direitos fundamentais) coincide com o modelo de juiz idealizado, no nascedouro, pelo pós-positivismo brasileiro (tanto no Sul do país quanto no Rio de Janeiro por autores como Barroso). Esse modelo, por sua vez, coincide ("um e outro se identificam!", para usar as palavras de Amilton) com o modelo proposto pelo Direito Alternativo. O modelo proposto pelo Direito Alternativo, por sua vez, parte de pressupostos ostensivamente marxistas. Mas o pós-positivismo, ao menos de modo expresso, não. Então estaria o pós-positivismo brasileiro a esconder-nos algo?

Responder afirmativamente essa questão, sem maiores considerações, adentraria o campo especulativo. Afirmei, antes, que o pós-positivismo nacional, desde o início, banhou-se em influência e afinidade com doutrinas marxistas. Citei a *New Left* americana (embora, repiso, muitos de seus integrantes não possam ser considerados marxistas em sentido estrito) e, de forma mais concreta, o Direito Alternativo. Eu poderia ter citado, ainda, a influência exercida, no mesmo período, pela Criminologia Crítica e Radical no Rio de Janeiro, outro berço do pós-positivismo nacional. Mas, ainda assim, uma coisa é ser submetido a influências e afinidades; outra é deixar-se levar *all the way down* pelas premissas, valores e propostas do marxismo.

O progressismo de Barroso e de Streck compartilha de muitos ideais da atmosfera utópica e otimista de fins de 1980 e 1990, mas eles próprios não são marxistas *ortodoxos*. Poderiam ser enquadrados, de forma mais ampla, na categoria de marxistas *culturais*? Talvez nesse ponto o debate seja mais interessante, mas, ao contrário do que ocorre com o pós-positivismo identitário contemporâneo,[125] não estou certo da adequação. De todo modo, o *modus operandi* histórico de ambos legitima acusações sobre vieses e narcisismos típicos da mentalidade progressista. Vou além: por vezes, em debates sobre questões concretas, tal característica autoriza apontar a semelhança de seus raciocínios com erros de correntes genuinamente marxistas.

Há outro ponto interessante. Eventual rejeição de rótulos como marxistas ou neomarxistas a Barroso e Streck não obsta análise pragmática sobre a que consequências podem conduzir teorias como as pós-positivistas nacionais, em tese "moderadas" quando comparadas aos companheiros marxistas. Tanto Streck quanto Barroso, e virtualmente todos os pós-positivistas nacionais, compartilham da crença no aspecto político (mas nem sempre no aspecto filosófico) do liberalismo igualitário – defendido dentre tantos outros por Ronald Dworkin, um autor que, vez ou outra, também é classificado sob a rubrica da *New Left* americana. Ocorre que possíveis efeitos dessa suposta moderação progressista já foram explorados em obras pouco conhecidas no Brasil, como os livros *The Age of Entitlement*:

---

[125] Como esclareci no tópico sobre a fase identitária, este estudo ainda não tratará especificamente do tema do identitarismo e suas transformações no pensamento jurídico brasileiro. A nova fase merecerá atenção em estudo que já está em desenvolvimento, mas que ainda não tem prazo para terminar, pois há ainda muitas dúvidas a serem dirimidas. Aqui, apenas adianto que, conforme minhas pesquisas, o pós-positivismo identitário brasileiro dos anos recentes também parte, em relevante medida, da *New Left* americana – com misturas com vertentes pós-modernas e pós-estruturalistas. Mais relevante que isso: o pós-positivismo identitário, se rastreadas as origens das ideias, parte precisamente dos ensinamentos do teórico mais radical da referida nova esquerda: Herbert Marcuse. Este procedeu à revisão das propostas marxistas, para alterar o Sujeito da Revolução das "classes trabalhadoras" (as quais já se teriam integrado à lógica capitalista e formado grupos extensos de homens unidimensionais) para grupos vulneráveis e insatisfeitos realmente capazes de realizar a Grande Negação da estrutura capitalista. Esses grupos foram identificados por Marcuse, em primeiro momento, mediante o conceito de raça, mas houve ampliação posterior dos critérios para abranger, por exemplo, o conceito de gênero. A luta identitária contemporânea, seja pela teoria crítica da raça, seja pelo movimento LGBT, é em grande medida fruto bem-sucedido das orientações de Marcuse relativas ao abandono dos fracassados atos de violência das décadas de 1960 e 1970. Marcuse, após o fracasso de tais atos, propôs o retorno da esquerda à universidade – para atividade compulsiva de fundamentação teórica – e alastramento das teorias produzidas (como a ideia de racismo estrutural) por militantes políticos inseridos em cargos relevantes de poder, naquilo que chamou de "grande marcha" pelas instituições sociais, universitárias, midiáticas e jurídicas. Sem abandonar o ideal marxista originário de transição ao socialismo, Marcuse propôs, de modo muito mais profundo do que fez Gramsci décadas antes, a subversão do sistema de dentro para fora, "passo a passo", com disfarce de intenções e conquista de posições de poder e influência.

America Since the Sixties, do jornalista americano Christopher Caldwell, e *The Demon in Democracy: Totalitarian Temptations in Free Societies*, do filósofo político polonês Ryszard Legutko.

Essas obras, embora por perspectivas diversas, sugerem que os movimentos de esquerda da década de 1960 em diante, incluídas versões importantes do igualitarismo, constituem redescrições ou, quando a afeição não vem explícita, disfarces das mesmas aspirações subversivas inspiradas por Marx e o marxismo contra o sistema capitalista. Todas essas teorias aparentemente menos revolucionárias, por vezes com expressos apelos a termos como "neoliberalismo", estariam a compartilhar com doutrinas marxistas uma mesma concepção da atividade política: o olhar para frente para uma utopia ingênua e pouco detalhada, o mover histórico para uma direção predeterminada, a reformulação das instituições e da linguagem para adequarem-se à utopia originária.[126]

Quando menos, versões moderadas de engenharia social, como o liberalismo igualitário em alguma medida adotado pelo pós-positivismo brasileiro, estariam a travar uma guerra assimétrica contra os supostos rivais marxistas, pavimentando o caminho para movimentos ostensivamente subversivos:

> O conflito entre liberalismo [igualitário] e seus críticos marxistas é um conflito entre uma classe ou grupo dominante que deseja conservar suas tradições (liberais) e um grupo revolucionário (marxistas) que, objetivando derrubar tais tradições, combina raciocínio crítico com uma vontade de alijar todos os limites herdados. Mas enquanto marxistas sabem muito bem que seu objetivo é o de destruir as tradições

---

[126] Nessa linha de raciocínio, tais obras, em grande medida, e ainda que sem autoconsciência, ilustram aquilo que Leszek Kolakowski chamou de variabilidade de usos da doutrina marxista – isto é, a capacidade histórica e evolutiva de adaptar-se a novas realidades – como ocorrido, por exemplo, nos trabalhos de Gramsci e Marcuse – sem renunciar ao espírito originário de estabelecimento de ideal estável e subversão de práticas sociais com o intuito de persegui-lo. Interessante lembrar, nesse ponto, o famoso debate entre Habermas, Laclau e Rorty após a queda do muro de Berlim e após a declaração do "Fim da História" por Fukuyama. Em artigo influente intitulado *"The end of Leninism, Havel and Social Hope"*, Rorty expressamente recomendou, ainda na década de 1990, que a esquerda política, por estratégia, parasse de opor os termos "capitalismo" e "socialismo" e passasse a usar vocabulário mais atraente ao público, como "combate à miséria humana" e rejeição ao "egoísmo" e à "ganância" – uma reconfiguração linguística que teve e tem como consequência retórica colocar qualquer posição conservadora, desde o início do debate, na posição inferior de justificar o porquê de em tese ser contra uma vertente política que se propõe a "combater a miséria humana".

intelectuais e culturais que seguram o liberalismo em seu lugar, a maior parte de seus oponentes liberais rejeitam engajar-se no tipo de conservadorismo que seria necessário para defender suas tradições e fortalecê-las.[127]

Essa dança entre liberalismo igualitário e marxismo foi descrita por Hazony como um ciclo com ao menos quatro fases: 1) liberais declaram que todos são livres e iguais, e que a razão, e não a tradição, determina o conteúdo dos direitos; 2) marxistas, fazendo uso da razão, apontam para várias instâncias genuínas de falta de liberdade e desigualdade na sociedade contemporânea, acusando-as de "opressões" e demandando "novos direitos"; 3) liberais, envergonhados e constrangidos pela falta de liberdade e pela desigualdade, adotam algumas das demandas dos marxistas por "novos direitos"; 4) retorne ao item 1 e repita.

Ora, não temos aí uma bela descrição da relação contemporânea brasileira entre o nascente pós-positivismo identitário brasileiro com o pós-positivismo "tradicional"?

Pois bem: estou de acordo com o raciocínio geral de Hazony, Caldwell e Legutko, se assim pudermos reunir tais autores, no sentido de que teorias idealistas menos radicais são o elo fraco na relação predatória que estabelecem com seus primos teóricos mais subversivos. Isso sugere que, mesmo que pós-positivistas "tradicionais", por desconhecimento ou resistência, rejeitem qualquer afinidade *tout court* com o marxismo – e, sinceramente, deles não espero outra posição sobretudo quando se observam falas de Barroso definindo marxismo e comunismo como eram entendidos no século XIX –, o fato de o pós-positivismo nacional ter, por décadas, monopolizado o modo de produção e difusão do conhecimento jurídico nas faculdades nacionais não significou, apenas, a marginalização injusta de autores do positivismo jurídico e do conservadorismo político, como também, como outra face da moeda, assistência ao silencioso – ou por vezes nem tanto – alastramento de teses subversivas de linhagem genuinamente anticapitalista, como o inflexível pós-positivismo identitário.

---

[127] HAZONY, Yoram. *Conservatism: a Rediscovery*. Washington: Regnery Gateway, 2022. p. 324-325.

CONCLUSÕES

Este livro, como vos adiantei na introdução, pode ser considerado o sumário de cerca de quinze anos de estudo sobre o positivismo jurídico e o pós-positivismo nacional e estrangeiro. Apresentei teses mais robustas nas obras *Democracia e respeito à lei* e *pragmatismo no direito*. Aqui, minha ideia foi estabelecer certos pontos passíveis de crítica por meio de linguagem mais narrativa do que, em termos analíticos, argumentativa.

O novo esforço de reflexão sobre o assunto do positivismo jurídico trouxe mais surpresas do que eu esperava. Sistematizar, revisar e escrever partes originais para esta obra fez escalar o sentimento de que, nos estudos anteriores, deixei de conceder o peso devido a um aspecto central do problema. Ecoando os ensinamentos do longínquo ano de 2006 proferidos por Dimitri Dimoulis, há mais de dez anos tenho acusado os pós-positivistas nacionais de terem marginalizado inúmeras obras relevantes de autores do positivismo jurídico e, com isso, tolhido estudantes de Direito de vocabulários importantes e úteis às práticas brasileiras. O que deixei de fazer, durante esse percurso, foi alertar o leitor para o fato de que o *mesmo* fenômeno de isolamento, talvez com até mais omissões apaixonadas, ocorreu com autores da tradição ética aristotélico-tomista e da filosofia política conservadora. A despeito da indignada verborragia do pós-positivismo brasileiro contra autores do positivismo jurídico, nas entrelinhas pode-se observar que o inimigo primário dos teóricos nacionais nunca foi realmente o positivismo jurídico, e sim a doutrina política do conservadorismo –[128] ou qualquer coisa que eventualmente com ela tenha afinidade, como o originalismo e certas teses do positivismo ético-normativo.[129]

---

[128] Na acepção específica de "realismo autoritário" presente na história constitucional brasileira, como expliquei no tópico "fase da euforia" do capítulo 1.

[129] Sobre o positivismo ético-normativo, escrevi sobretudo no livro *Democracia e respeito à lei*. Sobre originalismo, confira as obras de Samuel Sales Fonteles e Luiz Guilherme Marinoni.

Mas perceba. Em grande medida, as críticas que formulei nesta obra específica não foram direcionadas a defender o positivismo jurídico ou a apontar as falhas de mérito de teses como mutação constitucional, Constituição dirigente, ponderação de princípios, reaproximação do Direito com a ética e *tutti quanti*. O leitor atento, pela análise mesma do sumário ou no decorrer das páginas, certamente captou nas entrelinhas qual foi minha intenção neste livro. Se por algum descuido você não assimilou, faço-me explícito: a premissa central que animou a elaboração deste livro é a de que, diante de acusações injustas, diante de distorções imprudentes, diante de interlocutores narcisistas, a melhor estratégia contra-argumentativa nunca é aceitar de bom grado os rótulos pré-prontos, nunca é se submeter a jogar dentro do vocabulário viciado predefinido pelo adversário, nunca é anuir com a posição de "superado", de inferior intelectual ou de monstro moral desenhada pela parte que se autoqualifica como sofisticada ou virtuosa. Mais do que mera subordinação ingênua, aceitar um debate nessas condições, olhando de baixo para cima desde as primeiras trocas argumentativas, beira, com o devido respeito, o ridículo.[130]

A crítica deste livro ao pós-positivismo brasileiro é, por conseguinte, algo como uma metacrítica. Ou seja: uma crítica sobre o proceder escorregadio, a anomia metodológica, as confusões conceituais, a neurose de vanguarda intelectual, o otimismo desmedido nos próprios raciocínios abstratos, a desqualificação mesquinha de teorias rivais, a adesão a esperanças histórico-progressivas típicas de racionalismo vulgar. De todo esse *input* equivocado, idealista e exótico, quaisquer acusações a positivistas como Hans Kelsen e Herbert Hart, quaisquer ataques ao "conservadorismo" de interpretações concorrentes, podem porventura até ostentar algum grau de veracidade embutida, mas ao fim e ao cabo mesmo tais acertos não provam retroativamente o valor da confusa teoria que em tese os sustenta. Ao contrário, são comparáveis ao relógio estragado que, por duas vezes ao dia, marca de forma correta as horas.

---

[130] Essa é uma das razões para eu, no debate sobre garantismo penal, já ter defendido a tese de que os chamados "Garantistas Penais Integrais", embora bem-intencionados e corretos no pano de fundo, devem livrar-se do vocabulário de Ferrajoli.

Nesse esforço metacrítico, creio ser possível sintetizar a mentalidade pós-positivista nacional e correspondente proceder metodológico da seguinte forma:

```
        ┌──────────┐
        │ Neurose  │
        │ narcísica│
        └──────────┘
   ┌──────────┐      ┌──────────────┐
   │ Vedação ao│      │Fundamentalismo│
   │ retrocesso│      │   dogmático  │
   │  social  │      └──────────────┘
   └──────────┘
   ┌──────────┐      ┌──────────┐
   │ Recepção │      │Racionalismo│
   │institucional│   │  vulgar  │
   └──────────┘      └──────────┘
```

Entendamos a figura à luz dos conceitos usados neste livro:
1) O móvel psicológico do pós-positivismo brasileiro, desde a década de 1990, tem sido aquilo que denomino **neurose narcísica**: a arraigada convicção grupal de progresso teórico derradeiro, de construção jusfilosófica lapidada, de participação em clube seleto de intelectuais com diferenciada aptidão cognitiva e sensibilidade ética. O transe eufórico do início da jornada pós-positivista brasileira fez cavalgar a tenaz convicção grupal acerca do monopólio das virtudes. Essa convicção veio a ser retroalimentada pelas autocongratulações elaboradas pelos integrantes do grupo pós-positivista e, já no início dos anos 2000, selou o destino sobre quem o grupo elevaria ou não à condição de mascotes teóricos.
2) Em genuíno **fundamentalismo dogmático**, as obras de tais mascotes (Dworkin, Alexy, Canotilho, Zagrebelsky, Müller, Hesse, Ferrajoli, Gadamer etc.), além de rapidamente traduzidas ao português, passaram a ser freneticamente discutidas em artigos, livros, seminários e aulas, não raro sem

qualquer cautela metodológica com indevidos sincretismos. Autores que de alguma forma tivessem visão *realmente* contrária à de tais mascotes (e não apenas divergências menores dentro de parâmetros preestabelecidos pelos próprios pós-positivistas progressistas) ou receberam tendenciosamente o rótulo de "ultrapassados" e "superados" ou simplesmente foram excluídos de bibliografias formais de cursos universitários. Isso fez com que inúmeros jovens estudantes consumissem tais mascotes como, por padrão, o que havia de mais "sofisticado" e "avançado" na filosofia e no Direito, sem que a tais estudantes fosse concedida sequer a chance de examinar vocabulários alternativos.[131]

3) O sincretismo metodológico realizado pelos pós-positivistas nacionais logo conduziu ao espalhamento, como verdades inapeláveis, de inúmeros conceitos e expressões linguísticas que, segundo seus proponentes, retratavam os "novos tempos" e o "novo Constitucionalismo". Bem analisados, todos esses conceitos e expressões têm em comum o fato de espelharem um modo específico de produção e difusão do conhecimento jurídico: a crença na viabilidade de "apropriação mental da moralidade" – para usar a expressão de Michael Oakeshott – e na formulação e emprego de princípios morais abstratos como pedra de toque da metodologia jurídico-interpretativa. Mais ao fundo, tal crença revelava que autores pós-positivistas estavam em fina sintonia com aquilo que, ainda com Oakeshott, pode-se chamar de "política da fé": no final das contas, o que pretendiam com suas "teorias da decisão judicial" era conduzir a sociedade brasileira, pela via do Poder Judiciário, a uma

---

[131] Faça um teste: você saberia quais livros abrir para criticar Dworkin ou Alexy? Você saberia quais livros abrir para tecer contracríticas ao pós-positivismo brasileiro? Você consegue pensar a interpretação jurídica sem ter que falar em "princípios" a todo momento? Você saberia quais livro abrir para atacar o conceito de Constituição Dirigente? Você saberia quais livros abrir para contra-atacar a alegação de que Hans Kelsen defendeu que juízes devem aplicar mecanicamente as leis? Se a resposta a alguma dessas perguntas for "não" ou se você souber citar apenas os livros e autores que mencionei neste estudo, há boas chances de que no seu curso de Direito você tenha sido "vítima" da sonegação de visões de mundo diferentes. Isso vale para outras disciplinas, como Direito Penal e Processo Penal, em que há, igualmente, forte seleção ideológica de bibliografia.

política da perfeição e da uniformidade de ideias. O que pós-positivistas brasileiros estavam realmente a fazer – e em verdade continuam fazendo – não era muito mais do que isto: um **racionalismo vulgar** baseado naquilo que Leszek Kolakowski denominou "fantasia politicamente efetiva". O pós-positivismo nacional, desde a origem, caracterizou-se pelo orgulhoso emprego de elementos proféticos, fantásticos e irracionais ("início da história", "novos tempos", "reaproximação do Direito com a Ética", "a ousadia de olhar sobre as ondas") e seus correspondentes conceitos jurídicos, políticos e hermenêuticos ("ubiquidade constitucional", "constitucionalização do Direito", "força normativa dos princípios", "doutrina da efetividade", "única resposta correta", "Constituição Dirigente") para seduzir retoricamente jovens estudantes e autoridades ideologicamente predispostas a encorajarem, pela via do Judiciário, ambiciosas transformações sociais autoqualificadas progressistas.

4) A sedução retórica do pós-positivismo nacional não demorou a ser incorporada por setores relevantes do Poder Judiciário. Isso não causa estranheza: como diagnosticaram Posner e Tushnet, juízes, em especial aqueles que ocupam o topo da hierarquia judiciária, não querem ter suas asas cortadas e costumam ter predisposição por teorias interpretativas ambiciosas, pois, no fim das contas, isso torna suas funções cotidianas mais interessantes. Tribunais de segunda instâncias e Tribunais superiores, ainda na década de 2000, aderiram ao papo sobre princípios e a teses antiformalistas, muitas vezes citando expressamente o pós-positivismo ou o neoconstitucionalismo. A **recepção institucional** foi facilitada, ainda, por ocasiões em que o Poder Legislativo decidiu transferir voluntariamente mais autoridade ao Poder Judiciário ou por ocasiões em que deixou de promover *backlashs* institucionais.

5) O sucesso na institucionalização de suas ideias, conceitos e projetos políticos progressistas não permitia que pós-positivistas celebrassem uma vitória definitiva. Mais do que alcançar autoridade jurídica pela via da edição de

lei ou de decisão judicial, era necessário encontrar meios de efetivamente *estabilizar* tais conquistas, matando ainda no ovo o germe do *backlash* "conservador" ou "retrógrado". A função de pedra de fecho do projeto político pós-positivista foi atribuída ao princípio da **vedação do retrocesso social**. A um só tempo, tal princípio incorpora o espírito racionalista de apropriação mental da moralidade, adere à política da uniformidade e perfeição e, mais importante, viabiliza que, pela via da argumentação principiológica construtiva, a Constituição seja moralmente engessada como genuíno espelho dos desejos políticos dos pós-positivistas. Como efeito prático, presume-se que leis progressistas estão em acordo com o conteúdo do princípio da vedação ao retrocesso enquanto o ônus de comprovação, em procedimento ilusório que não comporta real chance de convencimento, cabe apenas a eventuais leis consideradas de conteúdo conservador. Eventuais leis conservadoras podem ser desde logo rotuladas como "inconstitucionais" e eventuais precedentes progressistas proferidos pelo STF podem ser alçados à categoria de "superprecedentes", de modo a, por teoria, inviabilizar futuro *overruling*. Um *win-win*. Ao sustentarem a inconstitucionalidade de atos normativos "retrógrados" pelo apelo ao princípio da vedação do retrocesso social, pós-positivistas nacionais não raro reavivam o forte orgulho de, contra alegadas hegemonias opressoras e trogloditas reacionários, estarem ombreados com verdades objetivas no campo da moralidade e serem os únicos autorizados a falar em nome de minorias políticas. Em outros termos, reacendem a neurose narcísica que, em primeiro momento, edificou todo o vocabulário e todas as estratégias que utilizam. Retorne ao passo 1.

Na prática, o percurso anteriormente citado opera de modo a comprimir a margem do que é ou não razoável ser sustentado como projeto político. Desacordos morais razoáveis, embora reconhecidos *en passant* em livros de pós-positivistas nacionais, não encontram qualquer efetividade nos debates práticos, pois, neles, os mesmos pós-positivistas interditam *prima facie* virtualmente todas as conversações políticas e morais envolvendo os temas mais sensíveis e controversos do debate político, como aborto, guerra às drogas, desarmamento da população civil, restrições a direitos trabalhistas, privatizações, conceito de família e de casamento, endurecimento de penas criminais, revisão de benefícios da execução penal etc.

Ou seja: quando uma proposição jurídica ou moral esgarça o grau de divergência tolerado internamente pelo círculo de autores pós-positivistas, quando algum parlamentar ou jurista propõe reformas políticas ou sociais *realmente* antagônicas ao padrão de pensamento do pós-positivismo progressista, a reação costumeira dos autores pós-positivistas não é a de aceitar a legitimidade de tal posição perante o debate de ideias nas Casas Legislativas, e sim a de rotulá-la desde logo "inconstitucional". Mesmo antes do término do processo legislativo, não é raro que adiantem, a quem queira ouvir, que eventual vitória legislativa da proposta por eles considerada retrógrada será contundentemente questionada perante o Poder Judiciário.[132]

A paixão dos pós-positivistas nacionais pelo "inconstitucionalismo" bem demonstra que, quando se trata de assuntos realmente sensíveis, o pós-positivismo brasileiro tolheu-nos – ou encolheu até a dimensão do ilusório – a capacidade de argumentar sobre erros e acertos de ações ou omissões legislativas a partir do prudente vocabulário da reforma legislativa, isto é, a partir da desejabilidade de futura revogação ou modificação da lei reputada moralmente defectiva.

---

[132] Como afirmei no tópico correspondente, a disposição exposta de questionamento da constitucionalidade de qualquer lei considerada retrógrada em rigor não está juridicamente equivocada *de lege lata*. A Constituição, pelo texto atual, pavimenta amplas avenidas de contestação direta da "constitucionalidade" da lei. A reprovação, de regra, deve recair sobre professores que, no campo teórico-dogmático, encorajam a banalização do controle de constitucionalidade substantivo como providência para espelhamento de seu emotivismo disfarçado de objetivismo moral e sobre os juízes que, deixando-se levar pelo *animus* pós-positivista, acolhem teses que denominei "inconstitucionalistas", e não, necessariamente, ou, ao menos, preponderantemente, sobre aqueles que, valendo-se dos meios propiciados pelo sistema jurídico vigente, ajuízam ações com pedidos ambiciosos. De todo modo, *de lege ferenda*, por via de reforma constitucional – que, novidade, possivelmente seria reputada "inconstitucional" pelos pós-positivistas pátrios –, seria prudente, ao menos, reduzir o número de legitimados para a propositura de ações concentrado-abstratas perante o Supremo Tribunal Federal, bem como traçar critérios mais rigorosos para a admissão da ADPF. O endurecimento dos critérios para admissão de ADPFs, em verdade, poderia ser realizado pela própria via hermenêutica, mediante leitura mais rigorosa, por exemplo, do princípio da subsidiariedade.

Ao fechar as portas da constitucionalidade para virtualmente todas as oposições político-ideológicas que merecem tal nome, o que o pós-positivismo brasileiro tem feito, em termos de incentivos e inibições reais, e não ilusórias, é afirmar ao adversário moral que sua visão só seria razoável na hipótese de promulgação de uma Nova Constituição. Isso pode envaidecer o pós-positivista que se orgulha de conseguir vitórias judiciais contra alegadas opressões hegemônicas. Mas o que estimula em termos concretos é a crescente animosidade de grupos tolhidos da chance de influenciar e impactar a política legislativa ordinária contra a legitimidade de uma Constituição que, em tese, só tem espaço para a visão de mundo definida por certas elites universitárias e militâncias progressistas. A riqueza principiológica e o pluralismo político encorajado pela Constituição demanda que insistamos nas ideias de virtude passiva[133] e de amadurecimento institucional adequado das matérias controversas, bem como que, contra a imperialista acusação banalizada de inconstitucionalidades, resgatemos o vocabulário das reformas constitucionais e legislativas. Passa-se da hora de restaurar a ideia, muito conhecida no direito norte-americano, de que a categoria da estupidez legislativa é diversa da categoria da inconstitucionalidade. Uma coisa, não necessariamente, implica a outra. *In dubio pro conversationem.*

Pois bem. Caminhemos para o fim.

Há um elo comum importante entre todas as teorias que selecionei nesta obra para contra-atacar o pós-positivismo nacional. Do ponto de vista da metodologia e da ética, parti de teorias de linhagem especialmente aristotélica, como as de Alasdair MacIntyre, John Finnis, Martha Nussbaum, Elizabeth Anscombe, Iris Murdoch, e Giuseppe Abbà. Do ponto de vista da filosofia política, explorei teorias como o conservadorismo conversacional de Michael Oakeshott, o conservadorismo moderado de John Kekes, o conservadorismo filosófico de José Ortega y Gasset, o conservadorismo nacionalista de Yoram Hazony e o conservadorismo empiricista de Thomas Sowell. Do ponto de vista

---

[133] Sobre virtude passiva, cf. o trabalho de Alexander Bickel (*The Least Dangerous Branch: the Supreme Court at the Bar of Politics*), de Cass Sunstein (*One Case at a Time: Judicial Minimalism in the Supreme Court*) e, no Brasil, de Luiz Guilherme Marinoni.

da história das ideias políticas e das transformações modernas, banhei-me em lições de autores como Stephen Toulmin, Reinhart Koselleck, James Gregor e Leszek Kolakowski. Cada qual com suas premissas teóricas, todos esses autores falam de alguma forma em desfrute de certas conquistas institucionais do Ocidente, todos celebram o poder de coesão social proporcionado por tradições compartilhadas com séculos ou milênios de teste histórico, todos reabilitam a ética da primeira pessoa em contraste à mera atribuição de culpa a estruturas sociais com efeitos difusos, todos denunciam os perigos de cirurgias sociais desatentas ao princípio da prudência e todos pedem que a política e o Direito sejam regidos não pela fé em utopias ingênuas, não pela submissão a chamegos grupais, não pela aura gravitacional de supostos heróis políticos, e sim por democracia epistêmica, por reflexão individual responsável, por ceticismo político moderado, por rejeição ao orgulho moral narcísico, por humildade intelectual, por ciência dos próprios limites cognitivos, por perguntas perturbadoras, por historicismo, e por atenção prevalente a fatos e fiscalização de resultados, e não a sentimentos e intenções atraentes.

 O contra-ataque às retóricas pós-positivistas que se disseminaram nas faculdades e nas instituições jurídicas brasileiras pressupõe mais a revitalização da ética aristotélico-tomista e do conservadorismo político[134] do que o esclarecimento das reais teses defendidas pelo positivismo jurídico. Não por convicção de que todas as ideias aí encontradas ilustram construção argumentativa sólida e convincente, e sim por convicção de que o cântico pós-positivista de vitória sobre as teorias jurídicas, éticas e políticas rivais viola os deveres basilares da reflexão filosófica e os objetivos fundamentais da educação universitária. Não por convicção de que os projetos políticos conservadores devem obter vitória ampla e irrestrita no jogo político das grandes assembleias de representantes do povo, e sim por convicção de que preservar esse jogo político e a fluência

---

[134] Não existe conexão necessária entre ética das virtudes e conservadorismo político. Autores estrangeiros que resgataram a ética aristotélica costumam chegar a conclusões diferentes em termos de filosofia política normativa. Finnis adota posição católica conservadora. MacIntyre, embora não concorde com o rótulo, é qualificado como comunitarista conservador. Martha Nussbaum, ao contrário, vale-se da ética aristotélica para fortalecer uma modalidade de liberalismo social-democrata baseada no enriquecimento da razão moderna.

da conversa, mais do que desejável, é indispensável para assegurar a estabilidade e durabilidade da Constituição de 1988.

O referido contra-ataque pressupõe, ainda, em dimensão procedimentalista inseparável à citada virtude política da prudência, que saibamos lidar com o caráter emotivista da Constituição de 1988. Como defendido com mais detalhamento no início do capítulo 4, a analítica e compromissória Constituição de 1988 é exemplar destacado de documento jurídico elaborado já sob os efeitos sociais modernos de perda de contexto e de clareza dos conceitos morais. O caos interpretativo é cooriginário a uma Constituição que orgulhosamente ostenta fartura anômica de "princípios" e "direitos" que, segundo Barroso, de tão heterogêneos, só não trazem a pessoa amada em três dias. Tentar corrigir o caos interpretativo por meio do encorajamento de argumentações judiciais deduzidas *diretamente* do texto constitucional, a partir de "filtragens" cada vez mais ambiciosas subsidiadas por elogios à onipresença constitucional, por crença inabalável na autocapacidade de alcançar objetividades morais e por concepção fortalecida da ideia de Constituição Dirigente, é o mesmo que reputar apropriado tratar quadro sintomático de diabetes com ingestão de doses exorbitantes de glicose. É tentar curar-se injetando o veneno que se pretende haurir.

Retorno, por conseguinte, àquilo que defendi já na primeira edição do meu livro *Democracia e respeito à lei*, de 2015: a providência mais sensata para lidar com o emotivismo típico de nossas discussões morais herdeiras da modernidade é levar a sério duas lições de Jeremy Waldron, constantes das obras *Law and Disagreement* e *The Dignity of Legislation*: 1) nossos debates morais são caóticos e inconclusivos, mas virtualmente todas as pessoas concordam com ao menos uma coisa: precisamos de uma *estrutura normativa comum* para dirimir esses conflitos, garantir previsibilidade e assegurar convivência pacífica; e 2) quando comparado à eloquência das teorias sobre como juízes devem decidir, nosso silêncio sobre como congressistas devem legislar é ensurdecedor. Falamos pelos cotovelos em juiz hércules. Não seria hora apropriada para elaborarmos normativamente como seria o *legislador* hércules?[135]

---

[135] Utilizo a expressão legislador hércules por mero espelhamento à difusa expressão juiz hércules, e não, como deve ter ficado claro na leitura do livro, movido por algum tipo de

Em suma: interessa resgatar a ideia da intermediação legislativa como concretização autorizada do balanceamento de princípios abstratos previstos na Constituição. Interessa ressuscitar o vocabulário da sucessão de leis no tempo, como a distinção entre leis ruins e leis inconstitucionais, os raciocínios *de lege lata* e *de lege ferenda*, e o apelo à revogação (e não invalidação) da lei defectiva. Interessam processos legislativos racionais, seguros e participativos. Interessa como leis são elaboradas. Interessa a qualidade técnica, a clareza, a coerência sistemática e a objetividade dessas leis. Interessa o grau de influência de minorias políticas na elaboração e discussão dessas leis. Interessam os procedimentos de controle de constitucionalidade internos ao Parlamento. Interessa resgatar a ideia de que grandes assembleias do povo foram o remédio encontrado pela própria modernidade para efetivar, com grau mínimo, uma objetividade que, com a perda de contexto moderna, passou a faltar no campo da moralidade. Interessa efetivamente respeitar a lei que obedeceu à risca as regras do processo legislativo. Em casos difíceis, interessa endossar métodos hermenêuticos que, sem aspirações imperialistas a objetivismos morais manipuladores, sejam capazes de efetivamente equilibrar todos os interesses e todos os direitos e deveres fundamentais em discussão. Interessa promover métodos conciliatórios de resolução de conflitos em espaços nos quais tais métodos ainda são injustificadamente considerados tabus, como em ações de controle abstrato-concentrado. Interessa rediscutir os limites ao controle substantivo de constitucionalidade e o papel democrático da autocontenção judicial. Interessa debater restrições institucionais, inclusive por emendas constitucionais, a ADPFs, ADIs e ADOs que se valem do vocabulário manipulador dos princípios como nova rodada de emotivismo destinada a disfarçar ou esconder insatisfações pessoais ou grupais relacionadas a perdas na arena político-legislativa. Interessa privilegiar o emprego de decisões intermediárias assentadas na ideia de prudência e virtude passiva, com, em sendo o caso, emprego de sistemas progressivos de alerta desenhados a partir de técnicas decisórias que levam a sério o diá-

---

convicção de que deveríamos seguir o estilo filosófico abstrato de Ronald Dworkin na elaboração de como nossos legisladores devem agir.

logo e a cooperação entre os Poderes.¹³⁶ Interessa, por conseguinte, relegar ao controle substantivo de constitucionalidade baseado em argumentação principiológica pretensamente objetiva e impessoal caráter infinitamente menos ambicioso do que pós-positivistas progressistas contemporâneos insistem em lhe atribuir.

Isso necessariamente conduzirá a melhorias na prática jurídica brasileira? Como adiantei já na introdução deste estudo, há limites contundentes à transformação social e institucional via adesão teórica. No limite, teorias têm poder renovatório em médio ou longo prazo, quando, pelos mais diversos motivos, veem-se na ocasião de cimentar vínculos entre as ideias propostas e os sentimentos de grupos específicos, tornando-se, doravante, critérios estabilizados de avaliação sobre acertos e erros. Se o alerta formulado por mim e outros professores sobre o estado da arte do pós-positivismo nacional será levado a sério, só o tempo dirá. No final das contas, apenas uma coisa, muito bem sintetizada por Conrado Hübner Mendes, é incontroversa: um bom Estado de Direito depende sobretudo da fibra intelectual e moral de seus operadores.¹³⁷ E, nesse aspecto, já dizia o poeta: o Brasil tem um enorme passado pela frente. Claro, com o devido respeito.

---

[136] Cf. o Capítulo VI de MARINONI, Luiz Guilherme. *Processo constitucional e democracia*. São Paulo: Thomson Reuters Brasil, 2021.

[137] Precisamente por esse motivo tenho mergulhado no estudo da ética das virtudes aristotélico-tomista, com alguma atenção, igualmente, àquilo que Colin Farrelly e Lawrence Solum, na obra *Virtue Jurisprudence*, chamaram de virada aretaica da teoria do Direito – ou concepção aretaica do Direito. Segundo essa linha de abordagem, operadores jurídicos não são orientados apenas (ou mesmo predominantemente) por "princípios", mas também 1) pelo repertório comportamental que adquiriram como obra de esforços próprios durante a sua formação moral e jurídica e 2) pelo exemplo fornecido por agentes virtuosos que os inspiram na profissão. O pós-positivismo nacional silencia-se sobre os dois pontos. Obcecado com os espectros do positivismo e do conservadorismo, historicamente o pós-positivismo nacional marginalizou o estudo sobre a interdependência das virtudes e restringiu o debate da teoria do Direito quase que exclusivamente a questões como "o que se entende por decisão constitucionalmente adequada?", "como devem decidir os juízes?" ou "como efetivar os direitos fundamentais?". Pouquíssimo foi dito sobre os *pressupostos motivacionais* para que juízes (e outros agentes estatais) alcancem o grau de perfeição exigido pelos bens que suas funções são institucionalmente desenhadas para atingir. Pouquíssimo foi dito sobre os meios de excelência que juízes devem habitualmente cultivar tanto em sua vida *privada* quanto pública para que efetivamente estabeleçam, internamente (e não por externalidades como "códigos de ética" ou "constrangimentos epistemológicos" da doutrina), padrões comportamentais permanentes de sinceridade, justiça e prudência. Pouquíssimo foi dito, ainda, sobre como ministros do Supremo Tribunal Federal sujeitam-se ao dever fundamental de operarem permanentemente como pessoas virtuosas, como exemplos que impressionam pelo comportamento sincero, prudente e imparcial, como bússolas práticas de excelência tanto em suas vidas privadas quanto em suas ocupações públicas.

REFERÊNCIAS

ABBÀ, Giuseppe. *História crítica da filosofia moral*. 2. ed. São Paulo: Instituto Brasileiro de Filosofia e Ciência "Raimundo Lúlio" (Ramon Llull), 2017.

ABBOUD, Georges. *Direito constitucional pós-moderno*. São Paulo: Thomson Reuters Brasil, 2021.

ABBOUD, Georges. *Processo Constitucional Brasileiro*. São Paulo: Revista dos Tribunais, 2016.

ALEXANDER, Larry; KRESS, Kenneth. Against legal principles. *In*: MARMOR, Andrei (org.). *Law and Interpretation*: Essays in Legal Philosophy. Oxford: Oxford University Press, 1995.

ALEXY, Robert. *El concepto y validez del derecho*. 2. ed. Barcelona: Gedisa, 2004.

ALEXY, Robert. *Teoria da argumentação jurídica*. São Paulo: Landy, 2001.

ALEXY, Robert. *Teoría de la argumentación jurídica*. 2. ed. Madrid: CEPC, 2007.

ALEXY, Robert. *Teoria de los derechos fundamentales*. Madrid: Centro de Estudios Constitucionales, 1993.

ALEXY, Robert. *Teoria dos direitos fundamentais*. São Paulo: Malheiros, 2008.

ALEXY, Robert. *The Argument from Injustice: a Reply to Legal Positivism*. Oxford: Clarendon Press, 2004.

ALEXY, Robert. The dual nature of Law. *Ratio Juris*, [João Pessoa], v. 23, p. 167-182, 2010.

ARISTÓTELES. *Constituição dos atenienses*. 4. ed. Lisboa: Calouste Gulbenkian.

ARISTÓTELES. *Ética a Nicômaco*. São Paulo: Edipro, 2014.

ARISTÓTELES. *Metafísica (livro I e II), Ética a Nicômaco e Poética*. São Paulo: Abril, 1984. p. 17. (Coleção Os Pensadores).

ARISTÓTELES. *Política*. São Paulo: Edipro, 2019.

ATIENZA, Manuel. *As razões do direito*: teorias da argumentação jurídica. Tradução de Maria Cristina Guimarães Cupertino. 3. ed. São Paulo: Landy, 2006.

ATIENZA, Manuel. *El sentido del Derecho*. Barcelona: Ariel, 2001.

ATIENZA, Manuel; MANERO, Juan Ruiz. Sobre princípios e regras. *Revista Panóptica*, [s. l.], n. 17, p. 49-68, nov. 2009.

AUSTIN, John. *The Province of Jurisprudence Determined*. Cambridge: Cambridge University Press, 1995.

ÁVILA, Humberto. *Teoria dos princípios*: da definição à aplicação dos princípios jurídicos. 20. ed. São Paulo: Malheiros, 2021.

BANDEIRA DE MELLO, Celso Antônio. *Discricionariedade e controle jurisdicional*. São Paulo: Malheiros, 2007.

BARCELLOS, Ana Paula de. *A eficácia jurídica dos princípios constitucionais*: o princípio da dignidade da pessoa humana. 2. ed. Rio de Janeiro: Renovar, 2008.

BARROSO, Luís Roberto (org.). *A nova interpretação constitucional*: ponderação, direitos fundamentais e relações privadas. Rio de Janeiro: Renovar, 2003.

BARROSO, Luís Roberto. *Controle de constitucionalidade no direito brasileiro*. São Paulo: Saraiva, 2006.

BARROSO, Luís Roberto. *Curso de Direito Constitucional Contemporâneo: os conceitos fundamentais e a construção do novo modelo*. 5. ed. São Paulo: Saraiva, 2015.

BARROSO, Luís Roberto. *Interpretação e aplicação da constituição: fundamentos de uma dogmática constitucional transformadora*. 6. ed. São Paulo: Saraiva, 2008.

BARROSO, Luís Roberto. Judicialização, ativismo judicial e legitimidade democrática. *In*: COUTINHO, Jacinto de Miranda; FRAGALE FILHO, Roberto; LOBÃO, Ronaldo (org.). *Constituição e ativismo judicial*: limites e possibilidades da norma constitucional e da decisão judicial. Rio de Janeiro: Lumen Juris, 2011. p. 275-290.

BARZOTTO, Luis Fernando. *Filosofia prática*: ética, direito, política e justiça na perspectiva clássica. Rio de Janeiro: Lumen Juris, 2023.

BENTHAM, Jeremy. *An Introduction to the Principles of Morals and Legislation*. Kitchener: Batoche, 2000.

BICKEL, Alexander M. *The Least Dangerous Branch*: the Supreme Court at the Bar of Politics. New Haven and London: Yale University Press, 1962.

BIX, Brian. *Law, Language, and Legal Determinacy*. New York: Oxford University Press, 2003.

BIX, Brian. *Robert Alexy, a fórmula radbruchiana e a natureza da teoria do direito*. Trad. Julio Pinheiro Faro Homem de Siqueira. [S. l.]: Panoptica, 2006. Disponível em: http://www.panoptica.org/marjun08pdf/marjun08007.pdf.

BOBBIO, Norberto. *Liberalismo e democracia*. São Paulo: Brasiliense, 2000.

BOBBIO, Norberto. *O futuro da democracia*: uma defesa das regras do jogo. 6. ed. São Paulo: Paz e Terra, 1997.

BOBBIO, Norberto. *O positivismo jurídico*: lições de filosofia do direito. São Paulo: Ícone, 1995.

BONAVIDES, Paulo. *Curso de direito constitucional*. 22. ed. São Paulo: Malheiros, 2008.

BRANCO, Paulo Gustavo Gonet; MENDES, Gilmar Ferreira; COELHO, Inocêncio Mártires. *Curso de direito constitucional*. São Paulo: Saraiva, 2009.

BRENNAN, Jason. *Against Democracy*. New Jersey: Princeton University Press, 2016.

BULYGIN, Eugenio. *Il positivismo giuridico*. Milano: Dott. A. Giuffrè, 2007.

BUSTAMANTE, Thomas. Book Review: Legality, by Scott Shapiro. *Legal Studies*, [s. l.], v. 32, n. 3, p. 499-507, 2012.

BUSTAMANTE, Thomas. Interpreting Plans: a Critical View of Scott Shapiro's Planning Theory of Law. *Australian Journal of Legal Philosophy*, [s. l.], v. 37, p. 219-250, 2012.

BUSTAMANTE, Thomas; BUSTAMANTE, Evanilda. Jurisdição constitucional na Era Cunha: entre o passivismo procedimental e o ativismo substancialista do STF. *Revista Direito & Praxis*, Rio de Janeiro, v. 7, n. 13, p. 346-388, 2016.

CADEMARTORI, Luiz Henrique Urquhart; DUARTE, Francisco Carlos. *Hermenêutica e argumentação neoconstitucional*. São Paulo: Atlas, 2009.

CAMPBELL, Tom. *The Legal Theory of Ethical Positivism*. Aldershot: Darthmouth, 1996.

CAMPBELL, Tom; GOLDSWORTHY, Jeffrey. *Judicial Power, Democracy and Legal Positivism*. Brookfield: Darthmouth, 2000.

CAMPOS, Juliana Diniz. *O povo é inconstitucional*: poder constituinte e democracia deliberativa. Rio de Janeiro: Lumen Juris, 2016.

CAMPOS, Ricardo (org.). *Crítica da ponderação*: método constitucional entre a dogmática jurídica e a teoria social. São Paulo: Saraiva, 2016.

CANO, Roberto M. Jiménez. *Una metateoría del positivismo jurídico*. Madrid: Marcial Pons, 2008.

CANOTILHO, J. J. *Constituição dirigente e vinculação do legislador*. 2. ed. Coimbra: Coimbra, 2001.

CANOTILHO, J. J. *Direito constitucional e teoria da constituição*. Coimbra: Almedina, 2002.

CARBONELL, Miguel (ed.). *Neoconstitucionalismo(s)*. Madrid: Trotta; 2003.

CARNEIRO, Daniel Zanetti Marques. Tipicidade tributária e sua relativização no pós-positivismo jurídico. *Revista Tributária e de Finanças Públicas*, [s. l.], v. 13, n. 61, mar./abr. 2005.

CARRIÓ, Genaro. *Princípios jurídicos y positivismo jurídico*. Buenos Aires: Abeledo-Perrot, 1970.

CARVALHO, Amilton Bueno de. *Direito alternativo: teoria e prática*. 5 ed. Rio de Janeiro: Lumen Juris, 2004.

CARVALHO, Amilton Bueno de. *Magistratura e Direito Alternativo*. 2. ed. Rio de Janeiro: Luam, 1996.

CARVALHO, Amilton Bueno de; CARVALHO, Salo de (org.). *Direito alternativo brasileiro e pensamento jurídico europeu*. Rio de Janeiro: Lumen Juris, 2004.

CELLA, José Renato Graziero. *Legalidad y Discricionalidad: La discusión entre Hart y Dworkin*. [S. l.]: [s. n.]: [20--?]. Disponível em: http://www.cella.com.br/conteudo/conteudo_27.pdf.

CLÈVE, Clèmerson Merlin. *O direito e os direitos*: elementos para uma crítica do direito contemporâneo. 2. ed. São Paulo: Max Limonad, 2001.

COELHO, André. Dworkin e Gadamer: qual conexão? *Revista Peri*, [s. l.], v. 6, n. 1, 2014, p. 19-43.

COLEMAN, Jules (org.). *Hart's Postscript*: Essays on the Postscript to the Concept of Law. New York: Oxford University Press, 2005.

COLEMAN, Jules. Beyond Inclusive Legal Positivism. *Ratio Juris*, [s. l.], v. 22, n. 3, p. 359-394, Sep. 2009.

COLEMAN, Jules. *The Practice of Principle*: in Defence of a Pragmatism Approach to Legal Theory. New York: Oxford University Press, 2001.

COLEMAN, Jules; SHAPIRO, Scott (coord.). *The Oxford Handbook of Jurisprudence and Philosophy of Law*. New York: Oxford University Press, 2002.

COMANDUCCI, Paolo. *Formas de (neo)constitucionalismo*: un análisis metateórico. Alicante: Biblioteca Virtual Miguel de Cervantes, 2005.

DAMASCENO, Daniel. *Ética das virtudes e decisão judicial*: a tradição clássica do juiz prudente. Rio de Janeiro: Lumen Juris, 2023.

DIAS, Gabriel Nogueira. *Positivismo jurídico e a teoria geral do Direito na obra de Hans Kelsen*. São Paulo: Revista dos Tribunais, 2010.

DIMOULIS, Dimitri. A relevância prática do positivismo jurídico. *Revista Brasileira de Estudos Políticos*, Belo Horizonte, n. 102, p. 215-253, jan./jun. 2011.

DIMOULIS, Dimitri. *Manual de introdução ao estudo do direito*. 7. ed. São Paulo: Revista dos Tribunais, 2016.

DIMOULIS, Dimitri. *Positivismo jurídico*: introdução a uma teoria do direito e defesa do pragmatismo jurídico-político. São Paulo: Método, 2006.

DIMOULIS, Dimitri; DUARTE, Écio Otto (coord.). *Teoria do direito neoconstitucional*: superação ou reconstrução do positivismo jurídico? São Paulo: Método, 2008.

DIMOULIS, Dimitri; MARTINS, Leonardo. *Teoria geral dos direitos fundamentais*. 3. ed. São Paulo: RT, 2011.

DWORKIN, Ronald. *A virtude soberana*: a teoria e a prática da igualdade. São Paulo: Martins Fontes, 2005.

DWORKIN, Ronald. *Freedom's Law*: a Moral Reading of the American Constitution. Massachusetts: Havard University Press, 1996.

DWORKIN, Ronald. *Justice for hedgehogs*. Cambridge: Harvard University Press, 2011.

DWORKIN, Ronald. *Justice in robes*. Cambridge: Harvard University Press, 2006.

DWORKIN, Ronald. *Law's Empire*. London: Harvard University Press, 1986.

DWORKIN, Ronald. *Levando os direitos a sério*. São Paulo: Martins Fontes, 2002.

DWORKIN, Ronald. *O império do direito*. São Paulo: Martins Fontes, 2007.

DWORKIN, Ronald. Objectivity and Truth: You'd Better Believe it. *Philosophy and Public Affairs*, [s. l.], v. 25, n. 2. p. 87-139, 1996.

DWORKIN, Ronald. *Taking Rights Seriously*. Cambridge: Harvard University Press, 1977.

DWORKIN, Ronald. *Uma questão de princípio*. 2. ed. São Paulo: Martins Fontes, 2005.

EHRENBERG, Kenneth. *The Functions of Law*. Oxford: Oxford University Press, 2016.

ELY, John Hart. *Democracy and Distrust*: a Theory of Judicial Review. Cambridge: Mass, 1980.

ETCHEVERRY, Juan Bautista. *El debate sobre el positivismo jurídico incluyente*. México: Universidad Nacional Autónoma de México, 2006.

FERRAZ JR., Tercio Sampaio. *Introdução ao estudo do direito*: técnica, decisão, dominação. 3. ed. São Paulo: Atlas, 2001.

FINNIS, John. *Natural Law and Natural Rights*. 2. ed. New York: Oxford University Press, 2011.

FISH, Stanley. *Doing What Comes Naturally*: Change, Rhetoric, and The Practice of Theory in Literary and Legal Studies. London: Duke University Press, 1989.

FONTELES, Samuel Sales. *Hermenêutica constitucional*. 4. ed. Salvador: Juspodivm, 2021.

FRIEDMAN, Milton. *Capitalismo e liberdade*. São Paulo: Abril, 1982.

GADAMER, Hans-Georg. *Verdade e método*: traços fundamentais de uma hermenêutica filosófica. 3. ed. Petrópolis: Vozes, 1999.

GALVÃO, Jorge Octávio Lavocat. *O neoconstitucionalismo e o fim do Estado de Direito*. São Paulo: Saraiva, 2014.

GARDNER, John. *Law as a Leap of Faith*. Oxford: Oxford University Press, 2012.

GARDNER, John. Legal Positivism: 5½ myths. *The American Jornal of Jurisprudence*, [s. l.], n. 46, p. 199-227.

GRAU, Eros Roberto. *A ordem econômica na Constituição de 1988*. 8. ed. São Paulo: Malheiros, 2003.

GRAU, Eros Roberto. *Ensaio e discurso sobre a interpretação/aplicação do direito*. 5. ed. São Paulo: Malheiros, 2009.

GRAU, Eros Roberto. *O direito posto e o direito pressuposto*. São Paulo: Malheiros, 2008.

GRAU, Eros Roberto. *Por que tenho medo dos juízes (a interpretação/aplicação do direito e os princípios)*. 7. ed. São Paulo: Malheiros, 2016.

GREEN, Leslie. *Law as Means*. Oxford University: Legal Research Paper Series: Paper No 8/2009. Disponível em: http://ssrn.com/abstract=1351304. Acesso em: 6 Aug. 2012.

GREEN, Leslie. Positivism and the Inseparability of Law and Morals. *New York University Law Review*, [New York], n. 83, p. 1035-1058, 2008.

GREENBERG, Mark. The Moral Impact Theory of Law. *The Yale Law Journal*, [New Heaven], v. 123, n. 5, mar. 2014.

GRIMM, Dieter. *Constituição e política*. Belo Horizonte: Del Rey, 2006.

GRIMM, Dieter. *Constitutionalism*: Past, Present, and Future. Oxford: Oxford University Press, 2016.

GUEST, Stephen. *Ronald Dworkin*. Rio de Janeiro: Elsevier, 2010.

GÜNTHER, Klaus. *Teoria da argumentação no direito e na moral*: justificação e aplicação. São Paulo: Landy, 2004.

HÄBERLE, Peter. *Hermenêutica constitucional*: a sociedade aberta dos intérpretes da Constituição: contribuição para a interpretação pluralista e procedimental da Constituição. Porto Alegre: Sergio Antonio Fabris, 2002.

HÄBERLE, Peter. *Pluralismo y constituición*: estudios de teoria constitucional de la sociedade abierta. Madrid: Tecnos, 2002.

HABERMAS, Jürgen. *Direito e democracia*: entre faticidade e validade. Rio de Janeiro: Tempo Brasileiro, 1997. v. 1.

HART, Herbert. L. A. *The Concept of Law*. 2. ed. New York: Oxford University Press, 1994.

HART, Herbert. *O conceito de direito*. 6. ed. Lisboa: Fundação Calouste Gulbenkian, 2011.

HART, Herbert. *O conceito de direito*. São Paulo: Martins Fontes, 2009.

HART, Herbert. Positivism and the Separation of Law and Morals. *Harvard Law Review*, [s. l.], v. 71, p. 593-629, 1958.

HAYEK, Friedrich A. *Direito, legislação e liberdade*: uma nova formulação dos princípios liberais de justiça e de economia política. São Paulo: Visão, 1985. v. 1.

HAYEK, Friedrich A. *O caminho da servidão*. 4. ed. Rio de Janeiro: Expressão e Cultura, 1987.

HAYEK, Friedrich A. The Use of Knowledge in Society. *The American Economic Review*, [s. l.], v. XXXV, n. 4., set. 1945, p. 519-530.

HAZONY, Yoram. *Conservatism*: a Rediscovery. Washington: Regnery Gateway, 2022.

HAZONY, Yoram. *The Virtues of Nationalism*. New York: Basic Books, 2018.

HERKENHOFF, João Batista. *Como aplicar o direito*: à luz de uma perspectiva axiológica, fenomenológica e sociológico-política. 3. ed. Rio de Janeiro: Forense, 1994.

HESSE, Konrad. *A força normativa da Constituição*. Porto Alegre: Sergio Antonio Fabris, 1991.

HIRSCHL, Ran. *Towards Juristocracy*: the Origins and the Consequences of the New Constitucionalism. Massachusetts: Harvard University Press, 2004.

HOBBES, Thomas. *Leviatã*: ou matéria, forma e poder de um Estado eclesiástico e civil. São Paulo: Martin Claret, 2004.

HOERSTER, Norbert. *En defensa del positivismo jurídico*. Barcelona: Gedisa, 2000.

JOUVENEL, Bertrand de. *El poder*. Madrid: Nacional, 1974.

JOUVENEL, Bertrand de. *Los Orígenes del estado moderno*: historia de las ideas políticas en el siglo XIX. Madrid: Ensayos Aldaba, 1977.

KEKES, John. *A Case for Conservatism*. Ithaca and London: Cornell University Press, 1998.

KEKES, John. *Agains Liberalism*. Ithaca and London: Cornell University Press, 1997.

KEKES, John. *Moderate Conservatism*. Oxford: Oxford University Press, 2022.

KEKES, John. *The Ilusions of Egalitarianism*. Ithaca and London: Cornell University Press, 2003.

KEKES, John. *The Roots of Evil*. Ithaca and London: Cornell University Press, 2005.

KELSEN, Hans. *Jurisdição constitucional*. São Paulo: Martins Fontes, 2013.

KELSEN, Hans. *Pure Theory of Law*. New Jersey: Lawbook Exchange, 2005.

KELSEN, Hans. *Teoria geral das normas*. Porto Alegre: Sergio Antonio Fabris, 1986.

KELSEN, Hans. *Teoria geral do direito e do estado*. São Paulo: Martins Fontes, 1995.

KELSEN, Hans. *Teoria pura do direito*. São Paulo: Martins Fontes, 2009.

KELSEN, Hans. *What is Justice? Justice, Law and Politics in the mirror of Science*. New Jersey: Lawbook Exchange, 2013.

KIRK, Russel. *The Conservative Mind*: from Burke to Eliot. Washington: Regnery Gateway, 2021.

KLATT, Mathias. (org.). *Institutional Reason*: The Jurisprudence of Robert Alexy. New

York: Oxford University Press, 2011.

KLATT, Matthias; MEISTER, Moritz. *The Constitutional Structure of Proportionality*. Oxford: Oxford University Press, 2012.

KOLAKOWSKI, Leszek. *Main Currents of Marxism: the Founders, the Golden Age, the Breakdown*. New York and London: W. W. Norton & Company, 2008.

KOSELLECK, Reinhart. *Crítica e crise*: uma contribuição à patogênese do mundo burguês. Rio de Janeiro: Contraponto, 1999.

KRAMER, Mathew. *In Defense of Legal Positivism*: Law without Trimmings. New York: Oxford University Press, 1999.

KRAMER, Mathew. Legal Positivism and Objectivity. *American Philosophical Association Newsletter on Philosophy and Law*, [s. l.], 2006, p. 9-13.

KRAMER, Mathew. *Objectivity and the Rule of Law*. New York: Cambridge University Press, 2007.

KRIELE, Martin. *Introdução à teoria do Estado*: os fundamentos históricos da legitimidade do Estado Constitucional Democrático. Porto Alegre: Sergio Antonio Fabris, 2009.

LEITER, Brian. Beyond the Hart/Dworkin Debate: the Methodology Problem in Jurisprudence. *American Journal of Jurisprudence*, [s. l.], v. 48, 2003.

LEITER, Brian. *Naturalizing Jurisprudence*: Essays on American Legal Realism and Naturalism in Legal Philosophy. New York: Oxford University Press, 2007.

LOPES JR. Aury. *Direito Processual Penal*. 15 ed. São Paulo: Saraiva, 2018.

Loyola, 2000.

LYOTARD, Jean-François. *The Postmodern Condition*: a Report on Knowledge. Manchester: Manchester UP, 1991.

MACCORMICK, Neil. *Argumentação juridical e teoria do direito*. São Paulo: Martins Fontes, 2006.

MACCORMICK, Neil. *H. L. A. Hart*. Rio de Janeiro: Elsevier, 2010.

MACCORMICK, Neil. *Rethoric and the Rule of Law*: a Theory of Legal Reasoning. New York: Oxford University Press, 2005.

MACCORMICK, Neil. *Retórica e o estado de direito*. Rio de Janeiro: Elsevier, 2008.

MACCORMICK, Neil; WEINBERGER, Ota. *An Institutional Theory of Law*: New Approaches to Legal Positivism. Netherlands: D. Reidel, 1992.

MACINTYRE, Alasdair. *After Virtue*: a Study in Moral Theory. 3. ed. Indiana: University of Notre Damme Press, 2007.

MACINTYRE, Alasdair. *Ética nos conflitos da modernidade*: ensaio sobre desejo, razão prática e narrativa. Brasília, DF: Devenir, 2022.

MACINTYRE, Alasdair. *Justiça de quem? Qual racionalidade?* São Paulo: Loyola, 2010.

MARCUSE, Herbert. *One-dimensional Man*. Boston: Beacon Press, 1991.

MARINONI, Luiz Guilherme. *Precedentes obrigatórios*. São Paulo: RT, 2010.

MARINONI, Luiz Guilherme. *Processo constitucional e democracia*. São Paulo: Thomson

Reuters Brasil, 2021.

MARMOR, Andrei. *Interpretation and Legal Theory*. Oxford and Portland: Hart Publishing, 2005.

MARMOR, Andrei. *Law in the Age of Pluralism*. New York: Oxford University Press, 2007.

MARMOR, Andrei. *Social Conventions: from Language to Law*. Princenton and Oxford: Princenton University Press, 2009.

MARMOR, Andrei. *The Language of Law*. Oxford: Oxford University Press, 2014.

MCGINNIS, John O; RAPPAPORT, Michael B. *Originalism and the Good Constitution*. Kindle Edition. Cambridge: Harvard University Press, 2013.

MCMAHON, Christopher. *Reasonable Disagreement: a Theory of Political Morality*. New York: Cambridge University Press, 2009.

MEYER, Lucas; PAULSON, Stanley; POGGE, Thomas (org.). *Rights, Culture, and the Law: Themes from the Legal and Political Philosophy of Joseph Raz*. Oxford: Oxford University Press, 2003.

MILLER, Alexander. *An Introduction to Contemporary Metaethics*. Cambridge: Polity, 2003.

MIRANDA, Jorge. *Manual de Direito Constitucional – I – Preliminares*: o Estado e os sistemas constitucionais. 7. ed. Coimbra: Coimbra, 2003.

MIRANDA, Jorge. *Teoria do Estado e da Constituição*. Rio de Janeiro: Forense, 2002.

MITIDIERO, Daniel. *Cortes Superiores e Cortes Supremas*: do controle à interpretação, da jurisprudência ao precedente. São Paulo: Revista dos Tribunais, 2013.

MÖLLER, Max. *Teoria geral do neoconstitucionalismo*: bases teóricas do constitucionalismo contemporâneo. Porto Alegre: Livraria do Advogado, 2011.

MOREIRA, Adilson. *Racismo recreativo*. São Paulo: Sueli Carneiro; Polen, 2019.

MOUNK, Yascha. The Identity Trap: *a Story of Ideas and Power in our Time*. New York: Penguin Press, 2023.

MULHALL, Stephen; SWIFT, Adam. *Liberals and Communitarians*. 2. ed. Oxford: Blackwell Publishing, 2003.

MÜLLER, Friedrich. *O novo paradigma do direito*: introdução à teoria e metódica estruturantes. 3. ed. São Paulo: Revista dos Tribunais, 2013.

MURDOCH, Iris. *A soberania do Bem*. São Paulo: Unesp, 2013.

NEIVA, Horacio. *Introdução Crítica ao Positivismo Jurídico Exclusivo*: a teoria do direito de Joseph Raz. Salvador: Juspodivm, 2017.

NERY JR., Nelson; ABBOUD, Georges. Noções fundamentais sobre pós-positivismo e direito. *Revista de direito privado*, [s. l.], ano 14, v. 53, jan./mar. 2013.

NETO, Cláudio Pereira de Souza; SARMENTO, Daniel. *Direito Constitucional*: teoria, história e métodos de trabalho. 2. ed. Belo Horizonte: Fórum, 2019.

NEVES, Antonio Castanheira. *Metodologia jurídica*: problemas fundamentais. Coimbra: Coimbra Editora, 1993.

NEVES, Antonio Castanheira. *O actual problema metodológico da interpretação jurídica*. Coimbra: Coimbra Editora, 2003. v. 1.

NEVES, Marcelo. *Entre hidra e Hércules*: princípios e regras constitucionais. São Paulo: Martins Fontes, 2013.

NINO, Carlos Santiago. *Introdução à análise do direito*. São Paulo: Martins Fontes, 2010.

NUSSBAUM, Martha C. *A fragilidade da bondade*: fortuna e ética na tragédia e na filosofia grega. São Paulo: Martins Fontes, 2019.

OAKESHOTT, Michael. *Rationalism in Politics and Other Essays*. Indiana: Liberty Fund, 1991.

OLIVEIRA, Fabio de. *Por uma teoria dos princípios*: o princípio constitucional da razoabilidade. Rio de Janeiro: Lumen Juris, 2007.

OLIVEIRA, Rafael Tomaz. *Decisão judicial e o conceito de princípio*: a hermenêutica e a (in)determinação do direito. Porto Alegre: Livraria do Advogado, 2008.

OMMATI, José Emílio Medauar (coord.). *Ronald Dworkin e o direito brasileiro*. 2. ed. Belo Horizonte: Conhecimento, 2021.

PASQUALINI, Alexandre. *Hermenêutica e sistema jurídico*. Porto Alegre: Livraria do Advogado, 1999.

PECZENIK, Aleksander. *On Law and Reason*. Dordrecht: Kluwer, 1989.

PERELMAN, Chaïm. *Ética e direito*. São Paulo: Martins Fontes, 1996.

PERRY, Stephen. Beyond the Distinction between Positivism and Non-Positivism. *Ratio Juris*, [s. l.], v. 22, n. 3, p. 311-325, Sep. 2009.

PLUCKROSE, Helen; LINDSAY, James. *Cynical Theories*: How Activist Scholarship Made Everything about Race, Gender, and Identity: and Why this Harms Everybody. Durham: Pitchstone Publishing, 2020.

PLUNKETT, David. A Positivist Route for Explaining How Facts Make Law. *Legal Theory*, [s. l.], v. 18, n. 2, 139-207.

POSNER, Richard. *Overcomming Law*. Cambridge: Harvard University Press, 1995.

POSNER, Richard. *The Problems of Jurisprudence*. Cambridge; London: Harvard University Press, 1990.

PRIEL, Dan. The Misguided Search for the Nature of Law. *Osgoode Legal Studies Research Paper Series*, [s. l.], 110, 2015.

QUINTON, Anthony. *The Politics of Imperfection: the Religious and Secular Traditions of Conservative Thought in England from Hooker to Oakeshott*. London: Faber & Faber, 1978.

RAMOS, Elival da Silva. *Ativismo judicial*: parâmetros dogmáticos. São Paulo: Saraiva, 2010.

RAZ, Joseph. *A moralidade da liberdade*. Rio de Janeiro: Elsevier, 2011.

RAZ, Joseph. *Between Authority and Interpretation*. New York: Oxford University Press, 2009.

RAZ, Joseph. Legal Principles and the Limits of Law. *The Yale Law Journal*, [s. l.], v. 81, n. 5, p. 823-885, abr. 1972.

RAZ, Joseph. *Practical Reason and Norms*. Oxford: Oxford University Press, 1999.

RAZ, Joseph. The Argument from Justice, or How Not to Reply to Legal Positivism. *In*: PAYLAKOS, George (org.). *Law, Rights and Discourse*: The Legal Philosophy of Robert Alexy. S. l.: Hart Publishing, 2007. p. 17-36.

RAZ, Joseph. *The Authority of Law*. 2. ed. New York: Oxford University Press, 2009.

REALE, Miguel. *Direito natural/direito positivo*. São Paulo: Saraiva, 2012.

RIBEIRO, Djamila. *Pequeno manual antirracista*. São Paulo: Companhia das Letras, 2019.

RISÉRIO, Antônio (org.). *A crise da política identitária*. Rio de Janeiro: Topbooks, 2022.

RORTY, Richard. *Philosophy and the Mirror of Nature*. New Jersey: Princenton University Press, 1979.

RORTY, Richard. *Verdade e Progresso*. Barueri: Manole, 2005.

ROSENFIELD, Luis. *Revolução conservadora*: genealogia do constitucionalismo autoritário brasileiro (1930-1945). Porto Alegre: EdiPUCRS, 2021.

ROSENFIELD, Luis; LIMA, Danilo Pereira. *História constitucional brasileira*. Porto Alegre: ediPUCRS, 2022.

SANDEL, Michael. *O liberalismo e os limites da justiça*. Lisboa: Calouste Gulbenkian, 2006.

SARLET, Ingo Wolfgang. *A eficácia dos direitos fundamentais*: uma teoria geral dos direitos fundamentais na perspectiva constitucional. 10. ed. Porto Alegre: Livraria do Advogado, 2009.

SARMENTO, Daniel. O neoconstitucionalismo no Brasil: riscos e possibilidades. *In: As novas faces do ativismo judicial*. Salvador: Juspodium, 2011.

SCHAUER, Frederick. *Playing by the Rules*: a Philosophical Examination of Rule-based Decision-making in Law and Life. Oxford: Clarendon Press, 1991.

SCRUTON, Roger. *A alma do mundo*: a experiência do sagrado contra o ataque dos ateísmos contemporâneos. Rio de Janeiro: Record, 2017.

SCRUTON, Roger. *Como ser um conservador*. Rio de Janeiro: Record, 2015.

SCRUTON, Roger. *Conservadorismo*: um convite à grande tradição. Rio de Janeiro: Record, 2019.

SCRUTON, Roger. *O que é conservadorismo*. São Paulo: É Realizações, 2015.

SCRUTON, Roger. *Tolos, fraudes e militantes*: pensadores da nova esquerda. Rio de Janeiro: Record, 2018.

SHAPIRO, Scott. *Legality*. Cambridge: Harvard University Press, 2011.

SHAPIRO, Scott. The "Hart-Dworkin" Debate: a Short Guide for the Perplexed. *University of Michigan Law School, Public law and legal theory working paper series*, Working Paper n. 77, 2007.

SHAPIRO, Scott. Was Inclusive Legal Positivism Founded on a Mistake? *Ratio Juris*, [s. l.], v. 22, n. 3, p. 326-338, September 2009.

SILVA, Virgílio Afonso da. *A constitucionalização do direito*: os direitos fundamentais nas relações entre particulares. São Paulo: Malheiros, 2005.

SILVA, Virgílio Afonso da. *Direitos fundamentais*: conteúdo essencial, restrições e eficácia. São Paulo: Malheiros, 2009.

SILVA, Virgílio Afonso da. O proporcional e o razoável. *RT*, São Paulo, ano 91, n. 798, p. 23-50, abr. 2002.

SILVA, Virgílio Afonso da. Princípios e regras: mitos e equívocos acerca de uma distinção. *Revista Latino-Americana de Estudos Constitucionais*, v. 1, p. 607-630, 2003.

SOWELL, Thomas. *A Conflict of Visions*: the Ideological Origins of Political Struggles. New York: Basic Books, 2007.

SOWELL, Thomas. *Intellectuals and Society*. New York: Basic Books, 2011.

STRAUSS, Leo. *Direito natural e história*. Lisboa: Edições 70, 2009.

STRECK, Lenio Luiz. A incompatibilidade paradigmática entre positivismo e neoconstitucionalismo. *In*: QUARESMA, Regina; OLIVEIRA, Maria Lúcia; OLIVEIRA, Farlei Martins. *Neoconstitucionalismo*. Rio de Janeiro: Forense, 2009.

STRECK, Lenio Luiz. Aplicar a "letra da lei" é uma atitude positivista? *Revista NEJ Eletrônica*, [s. l.], v. 15, n. 1, p. 158-173, jan./abr. 2010.

STRECK, Lenio Luiz. Contra o neoconstitucionalismo. *Constituição, Economia e Desenvolvimento*: Revista da Academia Brasileira de Direito Constitucional, Curitiba, n. 4, p. 9-27, jan./jun. 2011.

STRECK, Lenio Luiz. *Dicionário de hermenêutica*. 2. ed. Belo Horizonte: Letramento, 2020.

STRECK, Lenio Luiz. *Dicionário de hermenêutica*. Belo Horizonte: Casa do Direito, 2017.

STRECK, Lenio Luiz. *Hermenêutica e jurisdição*: diálogos com Lenio Streck. Porto Alegre: Livraria do Advogado, 2017.

STRECK, Lenio Luiz. *Hermenêutica jurídica e(m) crise*. 11. ed. Porto Alegre: Livraria do Advogado, 2014.

STRECK, Lenio Luiz. *Hermenêutica jurídica e(m) crise*. Porto Alegre: Livraria do Advogado, 1999.

STRECK, Lenio Luiz. *Jurisdição constitucional de decisão jurídica*. 4. ed. São Paulo: Revista dos Tribunais, 2014.

STRECK, Lenio Luiz. *Jurisdição constitucional e hermenêutica*: uma nova crítica do direito. 2. ed. Rio de Janeiro: Forense, 2004.

STRECK, Lenio Luiz. *Lições de crítica hermenêutica do direito*. 2. ed. Porto Alegre: Livraria do Advogado, 2016.

STRECK, Lenio Luiz. O (pós-)positivismo e os propalados modelos de juiz (hércules, júpiter e hermes) – dois decálogos necessários. *Revista de Direitos e Garantias Fundamentais*, Vitória, n. 7, p. 15-45, jan./jun. 2010.

STRECK, Lenio Luiz. O caso da ADPF 132: defender o texto da Constituição é uma atitude positivista (ou originalista)? *Revista Direito Unb*, [Brasília, DF], v. 1, n. 1, p. 280-304, jan./jun. 2014.

STRECK, Lenio Luiz. *O que é fazer a coisa certa no Direito*. São Paulo: Dialética, 2023.

STRECK, Lenio Luiz. *O que é isto*: decido conforme minha consciência? Porto Alegre: Livraria do Advogado, 2010.

STRECK, Lenio Luiz. *Verdade e consenso*: constituição, hermenêutica e teorias discursivas. 6. ed. São Paulo: Saraiva, 2017.

STRECK, Lenio Luiz. *Verdade e consenso*: constituição, hermenêutica e teorias discursivas. 4. ed. São Paulo: Saraiva, 2012.

STRECK, Lenio Luiz. *Verdade e consenso*: constituição, hermenêutica e teorias discursivas. Rio de Janeiro: Lumen Juris, 2006.

TASSINARI, Clarissa. *Jurisdição e ativismo judicial*: limites da atuação do Judiciário. Porto Alegre: Livraria do Advogado, 2013.

TAYLOR, Charles. *Sources of the Self: the Making of the Modern Identity*. Cambridge: Harvard University Press, 2001.

TORRANO, Bruno; OMMATI, José Emílio Medauar (org.). *Positivismo jurídico no século XXI*. Rio de Janeiro: Lumen Juris, 2019.

TOULMIN, Stephen. *Cosmopolis*: the Hidden agenda of modernity. New York: The Free Press, 1990.

TUSHNET, Mark. *Taking the Constitution away from the Courts*. New Jersey: Princeton University Press, 1999.

VALADÃO, Rodrigo Borges. *Positivismo jurídico e nazismo*: formação, refutação e superação da lenda do positivismo. São Paulo: Contracorrente, 2022.

VECCHIATTI, Paulo Roberto Iotti (org.). *O STF e a hermenêutica penal que gerou o reconhecimento da homotransfobia como crime de racismo (sem legislar nem fazer analogia)*. Bauru: Spessoto, 2022.

VECCHIATTI, Paulo Roberto Iotti. *Manual da homoafetividade*: da possibilidade jurídica do casamento civil, da união estável e da adoção por casais homoafetivos. 2. ed. São Paulo: Método, 2012.

VERBICARO, Loiane Prado. *Judicialização da política, ativismo e discricionariedade judicial*. 2. ed. Rio de Janeiro: Lumen Juris, 2019.

VILLEY, Michel. *A formação do pensamento jurídico moderno*. São Paulo: Martins Fontes, 2005.

WALDRON, Jeremy. *A dignidade da legislação*. São Paulo: Martins Fontes, 2003.

WALDRON, Jeremy. *Law and Disagreement*. New York: Oxford University Press, 1999.

WALUCHOW, Winfried. *Inclusive Legal Positivism*. New York: Oxford University Press, 2003.

WANG, Daniel Wei L. *et al*. Os impactos da judicialização da saúde no município de São Paulo: gasto público e organização federativa. *Revista de Administração Pública*, Rio de Janeiro, set./out. 2014.

WARAT, Luís Alberto. *Mitos e teorias na interpretação da lei*. Porto Alegre: Síntese, 1979.

ZAGREBELSKY, Gustavo. *El derecho dúctil*: ley, derechos, justicia. 7. ed. Madrid: Trotta, 2007.

Esta obra foi composta em fonte Palatino Linotype, corpo 10,5
e impressa em papel Pólen Bold 70g (miolo) e Supremo 250g (capa)
pela Gráfica Star7.